밟아도 되는 꽃은 없다

밟아도 되는 꽃은 없다

초판 1쇄 발행   2023년 1월 20일

지은이   박지희
기획   미르미디어
펴낸이   변선욱
펴낸곳   왕의서재
마케팅   변창욱
디자인   꿈지락

출판등록   2008년 7월 25일 제313-2008-120호
주소   경기도 고양시 일산서구 일현로 97-11 두산위브더제니스 105-601
전화   070-7817-8004
팩스   0303-3130-3011
이메일   latentman75@gmail.com
블로그   blog.naver.com/kinglib

ISBN   979-11-86615-62-1   03300

책값은 표지 뒤쪽에 있습니다.
파본은 구입하신 서점에서 교환해드립니다.

— 다 함께 잘 사는 세상을 꿈꾸는 당신에게 —

밟아도 되는 꽃은 없다

방송인 박지희 에세이

더 당당해도 괜찮아

태어나서부터 대학 시절까지 난 평범한 집안에서 평범하게 자랐고 딱히 굴곡 없는 삶을 지내왔다. 매일 엄마가 해주신 따뜻한 밥을 먹고 학교에 가고 학원에 다녔으며, 주말이면 교회에 갔다.

다른 또래 친구들보다 굳이 특이한 점을 찾자면 나가 놀기보다 집에서 책 보는 것을 좋아했었다는 것. 하나 더 찾자면, 나보다 힘든 상황에 놓인 듯해 보이는 사람들을 보면 쉽게 지나치지 못했다는 것 정도이다.

성장환경에서 기억할 만한 사건이나 인물이 있었다거나 부모님께 그런 가르침을 받은 것도 아닌데 자꾸 그런 측은지심이 들었던 건 왜인지 모르겠다. 그저 타고난 나의 기질이나 성향이었을까.

소풍 갈 때 엄마 도시락이 아닌 학교 앞 분식집 김밥을 사온 친구들에게 더 마음이 갔고, 매일 똑같은 옷을 입고 오는 친구들에겐 그 친구 생일을 기다렸다가 옷을 선물하기도 했다. 매번 미술 준비물을 깜빡하는 짝꿍이 혹시 선생님에게 손바닥이라도 맞지는 않을까 걱정돼 색종이나 지점토를 꼭 하나씩 더 챙기는 습관도 있었다. 그렇게 초, 중, 고 시절을 지나 사회생활을 하면서도 그런 타인을 향한 마음과 시선은 변하지 않았다.

책을 쓰기로 마음먹고 주제를 정하기 위해 출판사 관계자와 얘기를 나누던 중 이런 말을 들었다.

"창피하지만 저는 서른 살이 넘도록 개인의 안위를 위해서만 살았던 것 같습니다. 우연히 책을 만들게 됐어요. 그 일을 통해 그간 관심조차 없던 세상을 만나게 됐어요. 그러면서 아, 나는 좋은 세상을 만들기 위한 사람들 노력에 무임승차하고 있었구나 하는 부채 의식이 물밀듯 몰려왔습니다."

그 얘길 듣자 나도 사회의 부조리에 소위 말하는 '현타'를 느꼈던 경험이 떠올랐다. 고등학교 때 근현대사를 배우던 중 국가가 휘두르는 폭력의 잔인함과 독재의 무자비함에 전율하며 공포에 휩싸였다. 그리고 그 카르텔을 뚫고 자라난 민주주의의 소중함에 새삼 고마움을 느꼈다.

그와 함께 기득권을 중심으로 사회 전반에 뿌리내린 사회적 불평등을 인식하며 내 안의 측은지심은 더욱 견고해진 것 같다. 내가 가진 것, 가령 능력이나 의지가 얼마나 될진 모르겠으나, 이를 떼어 나누어주더라도 모두가 행복한 세상을 만드는 데 도움이 되는 사람이 되고 싶었다.

'비록 손해 좀 보더라도 더불어 잘사는 세상을 만들 길이 있다면 그 길을 가고 싶다'라는 것이 내가 생각한 인생의 첫 목표였다. 막연한 목표였지만, 내가 가진 능력을 그런 세상을 만드는 데 쓰고 싶었다. 방송일을 시작하면서는 사회적 현안에 더 큰 관심을 기울이게 됐고, 내 목표는 더욱더 단단해졌다.

왜 나는 조그마한 일에만 분개하는가
저 왕궁 대신에 왕궁의 음탕 대신에
50원짜리 갈비가 기름덩어리만 나왔다고 분개하고
옹졸하게 분개하고 설렁탕집 돼지 같은 주인년한테 욕을 하고
옹졸하게 욕을 하고

한번 정정당당하게
붙잡혀간 소설가를 위해서

언론의 자유를 요구하고 월남파병에 반대하는

자유를 이행하지 못하고

20원을 받으러 세 번씩 네 번씩

찾아오는 야경꾼들만 증오하고 있는가

(…)

김수영 시인의 「어느 날 고궁을 나오면서」라는 시의 일부분이다. 자기와 직결된 문제에는 불같이 화를 내면서 함께 잘 사는 세상을 만드는 데는 너무나 무관심한 사람들이 이 시와 겹친다. 힘이 있고 없고를 떠나, 돈이 있고 없고를 떠나 함께 잘 살아보자 외치는 사람들에게 "지금 잘살고 못사는 것도 전부 자기 덕이자 탓"이라고 말하는 사람들. 그들의 무지함에 수시로 좌절감을 느낀다.

책을 마무리하려던 시점에 이태원 참사가 발생했다. 사회적 참사가 반복될 때마다 나를 가장 분노하게 만드는 장면이 있는데, 바로 책임자에게 무릎을 꿇는 피해자들의 모습이다.

"우리 지한이, 억울하게 죽은 우리 아들… 진실을 밝혀주십시오. 부탁드립니다. 부탁드립니다. 이렇게 사정합니다. 제발

부탁드립니다. 이건 공정과 상식이 아닙니다"

'이태원 참사' 희생자 배우 고故 이지한 씨 아버지 이종철 씨는 국회를 방문해 국정조사특별위원장 등과 면담 도중 무릎을 꿇고 눈물로 호소했다. '이태원 참사' 희생자 유가족 10여 명도 자리를 함께했다.

8년 전 세월호 참사 때의 모습이 겹쳤다. 그해 10월 29일, 세월호 참사 희생자 유가족인 이남석 씨는 당시 여당 대표였던 김무성 새누리당 대표 앞에 무릎을 꿇었다. "세월호 특별법이 제정될 수 있도록 도와달라"며 빌었다.

피해자 유가족들은 그저 자식 죽은 이유도 밝히지 못하는 무능한 부모이고 싶지 않았기에 책임자를 찾아가 진실을 규명해달라 외친 것인데. 책임자이자 당사자들은 그들에게 책임을 다하지 못함을 사과하긴커녕 고개를 빳빳이 세우고 정권을 공격하는 빨갱이라는 낙인을 찍기에 바빴다. 누가 누구에게 무릎을 꿇는가. 책임을 져도 모자랄 사람들에게 왜 무릎을 꿇어야 하는가.

이 책은 내가 방송하면서 또 개인적 삶에서 느꼈던 부조리함의 좌표를 기록하고 있다. 누가 이 나라의 주인인지 여전히 분간 못 하는 이 땅의 기득권과 그 카르텔에 기생하는 이들에게 꼭 하고 싶었던 내 목소리다.

책임은 전혀 지지 않으면서도 자기 세를 확실히 늘리는 고약한 정치 술수, '갈라치기'를 조심하자고 말하고 싶다. 대표적으로 페미니즘을 들먹이며 정치적 이익을 누리려 하는 페미니스트들의 민낯을 밝히고자 한다.

내로남불(내가 하면 로맨스 남이 하면 불륜) 없는 세상에서 살고 싶다는 희망도 담았다. 너는 진보니 나는 보수니 하는 케케묵은 이념 전쟁보다 상식을 존중하며 살고 싶은 나에게는 내로남불이야말로 넌덜머리 나는 구습인 것이다.

방송인으로서 살다 보니 내 말 한마디 한마디에 막중한 책임감을 느낀다. 총 칼보다 펜과 입의 무게감이 훨씬 크다는 진실 앞에 분노와 희망이 교차한다. 그리고 이러한 나보다 더 큰 책임감을 느껴야 할 대한민국 정통 미디어가 기득권 카르텔에 충성하며 그들만의 세상을 더욱 공고하게 만들어가는 모습도 뼈아프다. 이 책을 통해 그 비열한 행태의 구조도 되짚어보고 싶었다.

"그냥 예쁘고 편한 길만 골라서 살면 되지 왜 굳이 긁어 부스럼을 만들어서 기레기들 공격을 자초하는 거야?"

"네 삶도 챙기기 힘들면서 왜 굳이 너보다 힘든 사람의 이익까지 신경 쓰는 거야?"

"네가 그런다고 그 사람들 너한테 안 고마워해. 그리고 세상은 절대 안 바뀐다."

기득권의 부조리함에 목소리를 내고 때로 그 때문에 공격받기도 하는 내 모습을 보며 친구들과 가족이 종종 이렇게 말한다.

그 말이 틀렸다고 생각하지 않는다. 가진 것 하나 없는 작디작은 목소리로 공고화한 세상을 바꿀 수 있다고 장담할 수 있을까. 이 책을 써 내려갈 때도 같은 마음이었다. 다만 불의를 정의로 바꿔나가고자 하는 이들에게, 함께 잘사는 세상을 위해 희망을 품고 사는 이들에게 당신과 같은 생각을 하는 사람들이 곁에 있다는 얘길 하고 싶었다.

더 좋은 세상을 위해 꿈꾸는 것이 쓸모없는 일이 아님을, 세상이 쉽게 바뀌지 않는다 한들 그 소망의 힘이 이 사회의 축을 지탱해 왔음을, 그러니 힘 있는 자들의 부당함을 지적하는 일에 조금 더 당당해도 된다는 얘길 많은 사람과 나누고 싶다.

차
/
례

①

자신을
탓하지 않는
연습

어디에서 피건 꽃이듯 소중하지 않은 생명은 없다.

밟아도 되는
꽃은 없다

'다시 높아지는 코로나 치명률… 국내 사망자 3만 명 넘었다'
'20대 여성 오토바이 운전자, 승용차에 깔려 사망…'
'줄지 않는 산재 사망, 중대재해기업처벌법…'
'음주운전 차량에 야간 순찰하던 군인 1명 사망'

하루가 멀다고 전해져오는 수많은 사건 사고들. 특히 사망 기사를 접하면 자꾸만 초심을 망각하는 자신과 많은 사람에게 비겁한 질책을 한다.

우리는 한 생명이 스러져갔다는 가슴 아픈 소식을 기사화된 숫자로 치부하며 무심코 지나치지는 않은가. 분명 저들도 누군가에겐 소중한 가족이고 친구일 텐데, 한 사람의 인생과 그 삶의 끝을 진심으로 애도해 본 적 있나.

나 역시 '아무개 씨들의 삶을 상기해보고 그 끝을 진심으로 애도하며 빈자리를 감당해야 할 이들을 위로하는 마음을 가지려고 했던가?'라는 질문을 던질 때 참담한 심정으로 떨어지곤 한다. 조금만 관심을 가지면 될 일인데, 그 당연한 인간으로서의 예의를 똑같은 무게의 슬픔을 겪기 전까진 몰랐다. 내 나이 30해를 넘겨 소중한 사람을 떠나보내며 겨우 깨달았다.

난 어려서부터 할머니와의 사이가 매우 각별했다. 아들만 넷을 키우신 할머니와 할아버지는 손녀를 간절히 원하셨다고 한다. 마침내 손녀가 태어나자 두 분은 내게 분에 넘치는 사랑을 주셨다. 심지어 우리 집보다 할머니 댁에서 보내는 시간이 많았을 정도고, 엄마보다 할머니를 더 따랐다.

그렇게 할머니는 내가 성장하는 과정에서, 심지어 사회생활을 시작한 후에도 든든한 지원군이 되어주셨다. 어떤 일을 겪든 내 편이 되어주고, 금전적 지원도 아끼지 않으셨다. 날 위해서라면 지옥 끝이라도 대신 갈 수 있다고 하실 정도였다.

손자와 손녀를 위해 뭐라도 해주려면 오래도록 건강해야 한다며 하루도 빼놓지 않고 새벽같이 일어나 운동하셨다. 그만큼 우리를 향한 할머니의 사랑은 극진했다.

그러던 할머니가 2017년 봄, 갑자기 쓰러지셨다. 매년 건강검진 때마다 100살까지 사실 거라는 얘길 들을 정도로 건강하셨던 할머니였다. 가령 나와 함께 러닝머신(트레드밀)에서 운동을 하더라도 더 오래 걷거나 뛰셨고, 수영도 마찬가지로 언제나 나를 앞섰다. 그렇게 건강한 모습으로 평생 내 옆에 계실 것만 같던 할머니가 하루아침에 중환자실 신세를 지게 된 것이다.

할머니의 병명은 정확지 않았다. 특정할 수 없는 세균 감염이 의심되는 상황이라고 했다. 어르신들은 아무리 건강해도 면역력이 약해져 일부 세균에 취약할 수 있다는 게 우리가 들어 알 수 있는 전부였다. 그래도 할머니 상태를 좀 더 자세히 알고 싶었던 나는 병실을 지키던 어느 날 회진 온 의사에게 물을 기회가 생겼다.

할머니가 다시 건강해지길 간절히 바라는 마음이다 보니 할머니 상태에서부터 언제쯤 깨어나실 수 있을지 등 질문이 많은 게 사실이었다. 처음엔 형식적인 대답만 이어가던 의사가 급기야 짜증 섞인 말투로 쏘아붙였다.

"일주일 안에 결판이 날 테니 기다리세요."

물론 의사로서는 여러 환자와 보호자들에게 비슷한 질문을 자주 받을 터라 짜증이 났을지도 모르겠다. 일주일 정도 경과를 지켜보자는 의미도 있었을 테지만 나는 '결판'이라는 말에 너무 화가 났다.

"지금 사람 목숨을 두고 '결판'이라고 하셨어요? 그런 생각으로 환자들을 보세요?"

나는 평소 조금 기분 나쁠지언정 되도록 분란을 만들지 말고 넘어가자는 주의다. 하지만 우리 할머니 목숨이 누군가에겐 '결판'이라는 단어로 치부된다는 것엔 참을 수 없었다. 거의 난생처음이었던 것 같다. 잘 모르는 사람에게 큰소리를 냈던 건 말이다.

"저도 당장 환자 상태만 보는 거지, 언제 깨어날지 어떻게 알고 얘길 합니까?"

그 의사도 내 태도가 부당하다고 느꼈는지 큰소리로 맞대응했다. 큰소리가 오가다 보니 주변에서 제지하는 상황까지 벌어졌다. 결국 다음날 담당 주치의가 직접 와서 설명과 사과를 하며 상황은 마무리됐다. 할머니 그러니까 누군가에겐 더없이 소중한 한 생명을 두고 '결판'이라는 표현을 사용한 그 의사가 용서되지 않았던 기억이 지금도 생생하다.

그 일이 있고 정확히 일주일 뒤에 할머니는 우리 곁을 떠나셨다. 그렇게 할머니를 보내면서 누군가의 죽음을 대하는 나의 태도가 달라졌던 것 같다. 나에겐 마치 세상이 무너지는 것

같이 아프고 슬펐던 할머니의 죽음이 누군가에겐 '결판'이라 표현될 만큼 무의미한 일일 수 있다는 사실에 많은 생각을 하게 되었다. 어쩌면 나도 누군가의 가슴 아픈 죽음, 애끊는 고통을 너무나 무의미하게 받아들이고 지나쳐 온 것은 아닐까…

그 후 나는 주변에서 들려오는 소식이든 뉴스에서 나오는 사건이든 접하는 거의 모든 부고 소식을 무감하게 흘려보내지 않으려 노력한다. '사망'이라는 글자 뒤에 가려진 그이의 삶, 그리고 그 가족의 아픔을 떠올리며 애도하고자 한다.

술 먹고 실족사한 대학생은 그리 안타까워 온 나라가 슬퍼해 주더니 저 아이는 뉴스 한 줄이 끝인 건가…. 목숨의 값은 결코 같지 않구나

지난 10월, SPC 하청 업체에서 야간 근무를 하다 소스 배합기 사고로 숨진 20대 노동자의 기사를 두고 한 네티즌이 남긴 글이다.

죽음에도 차별은 존재한다. 죽음은 삶의 연장선이기에 현실의 차별은 죽음에 이어지기도 한다. 그리고 죽음마저도 도구화하려는 이들에 의해 슬픔마저 존중받지 못하게 된다. 어떤 삶이고 어떤 죽음이었든 그 앞에서 가치를 매기고 재단할 권리는 누구에게도 없다. 어쩌면 나도 모르게 누군가의 죽음은 안타깝고, 누군가의 죽음은 그럴 수 있다며 납득하고 있진 않은가.

10·29 이태원 참사 역시 마찬가지다. 생때같은 젊은이들의 죽음 앞에서 "놀다 죽은 사람을 왜 국가가 책임지느냐"라며 말인지 된장인지 모를 폭언을 내뱉는 이들이 더러 보인다. 그런 사람들을 보며 희생자들에게 크나큰 죄책감마저 들었던 것은 나 혼자뿐이었을지 궁금하다.

'모두가 꽃이야'라는 국악 동요를 들은 적이 있다. 구성진 가락에 실린 노랫말에 나도 모르게 울컥했던 기억이 난다.

산에 피어도 꽃이고 들에 피어도 꽃이고
길가에 피어도 꽃이고 모두 다 꽃이야
아무 데나 피어도 생긴 대로 피어도
이름 없이 피어도 모두 다 꽃이야
봄에 피어도 꽃이고 여름에 피어도 꽃이고
몰래 피어도 꽃이고 모두 다 꽃이야

아무 데나 피어도 생긴 대로 피어도

이름 없이 피어도 모두 다 꽃이야

노랫말처럼 어디에서 피든 모두 꽃이듯 소중하지 않은 생명은 없다. 세상천지에 밟혀도 좋을 사람, 죽어도 괜찮다고 할 이가 있을까?

21세기 대한민국, 이제는 세계화한 대표적인 대도시에서 어떻게 이런 일이 벌어질 수 있는지 전혀 이해되지 않는다. 하물며 왜 이것이 개인이 짊어지어야 할 질곡인지 분노가 치밀어 오른다. 일하든 아니면 놀든 상관없이 안전은 보장받아야 할 기본권 아닌가. 국민의 생명과 안전에 대해 국가가 책임지는 건 국가의 존재 이유가 아닌가 말이다. 그런데도 이 비참한 상황을 이용하려 드는 정치권이나 권력자, 그에 부역하는 언론을 보며 속에서 쓴물이 올라온다.

죽음에 대한 예의는 인간에 대한 예의다. 세상을 떠난 모두가 소중한 삶이었고 슬픈 마지막이었다. 우리 모두 짓밟히기엔 너무나 슬픈 아름다운 꽃들이다.

방치한 죽음,
기획된 애도

– 이태원 사고 사망자의 명복을 빕니다
– 이태원 참사 희생자의 명복을 빕니다

지난 10월 29일 발생한 이태원 참사를 두고 우리나라 양대 정당의 플래카드 추모 문구는 달랐다. 나는 지나치는 사람들 뒤로 보이는 그 현수막을 보며 씁쓸함에 고개를 저었다.

추모를 빌미로 한 이 플래카드 속 단어 하나하나에 권력 집단이 계산기를 얼마나 두드렸을지 눈에 어른거려서다. 국민을 '사고'와 '참사', '사망자'와 '희생자'라는 표현으로 나눠 논란을 키운 건 어설픈 정부의 책임 가리기라는 걸 아직도 모르는 사람이 있을까.

사고가 발생한 다음 날 행정안전부에서는 각 시도 지방자치단체에 공문을 내려보냈다. 이태원 참사에 대해 '참사'가 아닌 '사고'라 쓰고, '희생자'가 아닌 '사망자'로 표현하라고 지침을 내렸다고 한다. 이건 의심할 바 없이 정부가 행정적 책임이 없다고 강조하려는 목적이다. 초등학생 정도만 되어도 알 만한 사회적 참사인데 말이다.

정부의 조처에 유족들은 반발했다. 국민은 이번에도 의문을 가졌다. 국민의 슬픔을 애도하는 방법까지 규정하는 정부는 처음이었기에 더 의아했다. 1994년 성수대교 붕괴부터 1995년 삼풍백화점 붕괴, 2003년 대구 지하철 화재, 2010년 천안함 피격, 2014년 세월호 침몰, 그리고 2022년 이태원 압사 사태까지 잊을 만하면 반복되는 사회적 참사에 우리는 영문도 모른 채 소중한 생명을 잃어야 했다.

그런데 인습이 되풀이되고 있다. 정부와 집권당은 진심 어린 사과와 원인 규명을 통한 재발 방지를 약속하는 것이 아니라 그저 책임의 화살을 피하려 한다. 한발 더 나아가 유치한 방법으로 국민의 슬픔을 통제하려 든다. 억울하게 스러져간 삶 앞에 남겨진 이들이 그 죽음을 온 마음으로 추모할 수 있게 두는 것이 그렇게 어려운지 묻고 싶다. 왜 국가가 나서서 슬픔을 통제하고 애도를 관제하는가.

사회적 참사를 두고 정치권에서 다툼이 불거지면 결국 그 죽음을 추모하는 국민마저 정치적 프레임에 갇히게 된다. 이 권력 놀음으로 입은 상처는 고스란히 유가족들의 몫이 되는 상황을 수없이 봐왔다. 국민의 목숨을 정치적 프레임에 가두었다면 최소한 유가족들 요구나 재발 방지를 위한 대책이라도 시원하게 마련했어야 하는데 그것도 아니었다.

정치적 프레임에 갇혔던 대표적인 두 사회적 참사가 어떻게 처리됐는지 아는 사람은 그리 많지 않다.

보수정권은 천안함 사건을 이념적 수단으로 이용했을 뿐 실질적인 도움을 주지 않았다. 이명박 정권에서 일어난 '천안함 폭침 사건'의 보상은 이명박-박근혜 정권이 아닌 문재인 정권에서 대부분 이루어졌다. 보수정권과 지지자들은 천안함 사건의 희생자와 생존자들의 수호자인 듯 행세했지만, 정작 요구하는 점을 제대로 충족시켜 주지 않았다.

진보정권이라고 해서 크게 다르지 않았다. 세월호 사건에 대해 명확한 진상 규명을 약속했던 문재인 정부 역시 유족들과의 약속을 다 지키지 못했다.

정치인들은 국민의 죽음을 도구 삼아 본인들 이익을
챙겼다고밖에 볼 수 없다.

세월호 참사 당시 행방불명이었던 '박근혜의 7시간'은 영원히 역사의 비밀이 되었고, 참사의 가장 큰 책임자라 할 박근혜 전 대통령은 탄핵당한 지 5년 만에 특별사면 되었다. 속 시원한 사고 원인 규명이나 대책도 완결되지 않았는데 말이다.

천안함 희생자와 생존자들은 "천안함이 언제나 보수정권 편일 거라 생각하지 마라"라고 했고, 세월호 유가족들은 "정권 교체를 원할 이유가 없었다"라고 했다.

정치인들은 국민의 죽음을 도구 삼아 본인들 이익을 챙겼다고밖에 볼 수 없다. 정치권에 실낱같은 희망을 걸며 원인 규명과 재발 방지를 바라던 유가족들에겐 정치이데올로기에 물든 자들이 던지는 비난만이 남았다. '결과가 그럴 거라면 관심이나 두지 말든가, 차라리 그랬다면 국민이 마음껏 추모라도 할 수 있게 해주지'라는 생각마저 든다. 카카오톡 프로필 상태 메시지에 노란 리본을 달아놨다며 그 사람을 향해 빨갱이라 손가락질하던 친구가 생각난다.

아무도 책임지지 않는 참사가 반복되면 언젠간 그 피해자가 나는 물론 내 소중한 사람이 될 수도 있다. 그래서 재발 방지를 원하는 것이고, 그러기 위해 희생자들을 추모하고 기억하자는 것이 아닌가.

특정 진영에 유리하거나 불리한 이슈로 둔갑하여 추모하는 것마저 눈치를 봐야 하는 사회 분위기는 분명 병리적 현상이다. 그 뒤에서 상처받는 이들은 희생자 유족들이고, 나 또한 그들이 되지 말란 법은 없다.

국민의 소중한 생명을 함부로 정쟁에 이용하는 작태에 분노가 사그라지지 않는다. 보수든 진보든 여기에서 자유롭지 못하다. 백번 천번 지당한 말 아닌가. 참사로 국민이 생명을 잃었다면 그 책임이 정부에 있다는 사실을.

어쩌다
아나운서

누군가 내게 직업을 묻는다면 '방송인'이라고 대답할 것이다. 방송을 아나운서로 시작해서 그런지 사람들은 익숙하게 '박지희 아나운서'라고 부르곤 하는데, 한때 날 깎아내리는 데 혈안이 됐던 일부 기자들은 내가 아나운서라는 호칭에 집착하는 줄 착각한다. 현재 나는 프리랜서 방송인으로 활동하고 있다. '아나운서' 호칭과 관련한 웃지 못할 에피소드는 뒤에서 좀 더 자세히 소개할 생각이다.

어릴 적에 가진 장래 희망을 성인까지 이어가는 이들이 생각보다 많지 않을 것이다. 자라면서 꿈은 여러 번 변하고 처한 상황에 따라 의지와 전혀 다른 직업에 종사하기도 한다. 나 역시 어릴 적 꿈은 작곡가였고, 그 꿈을 이루려고 꽤 오래 준비했었다.

중학교 때부터 본격적으로 작곡 공부를 하며 국립국악고등학교에 진학해 작곡을 전공하기도 했다. 그러던 중 다른 길을 보고 그 길을 택한 것이다.

나는 왜 방송을 하고 싶었던 걸까? 이런 질문을 스스로 던졌던 적이 있다. 살아오면서 뚜렷한 목표를 정해 달려왔던 게 아니니 말이다. 정확한 시점을 가리킬 수 없는 언제부턴가 주변을 둘러보기 시작했던 것 같다. 그러자 다른 사람들의 살아가는 모습이 눈에 들어왔다.

세상에는 억울한 사람들이 많고, 제 목소리 한번 내지 못한 채 국가로부터 제대로 혜택받지 못하는 사회적 약자들이 많다는 걸 그때 알 수 있었다. 반대로 성공하고 부자가 된 사람들의 삶의 궤적에 주목할 수도 있었을 텐데 아무튼 난 이와는 정반대의 세상에 민감해지기 시작한 것이다.

누가 알려준 게 아니었다. 그토록 흔했던 뉴스나 시사 프로그램을 통해서였다. 그리곤 정말 '막연'하다는 말이 적당할 텐데, 약자들의 목소리를 대변할 방송 일을 하고 싶어졌다. 그렇게 '어쩌다 아나운서'가 되었다.

프리랜서들이라면 누구나 공감하겠지만, 일터에서 한 번

만 인정을 받으면 일이 물밀듯 쏟아진다. 나 역시 여러 방송사를 거치며 좋은 선배들에게 일을 배우고 성장하며 점점 다양한 방송을 하게 되었다. 팟캐스트 방송을 제안받은 때도 이 시점이다. 기존의 정제되고 '올드'한 방송과는 또 다른 매력이 느껴졌다.

지금까지 많은 사람에게 회자되는 역사 방송 <이작가의 결정적 순간> 역시 팟캐스트였다. 우리나라의 운명을 바꿨던 역사적 사건들에 대해 이 작가가 이야기로 풀어주는 형식이었는데, 그때만 해도 팟캐스트가 그리 활성화되지 않았던 때라 신선함이 곁들여져서인지 반응이 좋았다.

'결정적 순간'은 그야말로 대박이 났지만, 당시 내게 큰 감흥이 일진 않았다. 그때만 해도 큰 채널에서 방송해야 한다는 강박감이 있었던 것 같다. 그래야 사람들이 내 말을 더 신뢰하지 않을까 하는 초조함이 있었다.

내가 기득권이 아니기에 사회적 약자들의 목소리를 내기 위한 방송을 하려면 그만한 무게를 가진 큰 채널에서 방송해야 한다는 생각을 놓지 못했다. 소위 레거시 미디어라고 칭하는 방송국에서의 방송에 집중했다.

예전부터 알고 지내던 오창석 씨가 부산에서 국회의원으

로 출마했다가 낙선하는 일이 있었다. 그 후 이동형 작가가 "창석이를 먹여 살려야 하니 셋이 함께 방송을 런칭해 보자."라고 제안해왔다. 그렇게 팟캐스트 <청정구역>, '청년들의 정치 공동구역'이 탄생했다.

<청정구역>은 정치 문외한인 내게 진행자라는 자리를 내어주고, 좋은 댓글로 응원해주는 시청자들과 만난 내게는 고맙고도 여러모로 의미가 있는 시사 팟캐스트였다. 그렇게 <청정구역>은 내 방송경력에 한 획이 되었다. 정해진 말을 하는 방송이 아니라 자유로운 소통이 이루어지는 방송의 첫 출발점이었다. <청정구역> 팟캐스트를 놓은 지는 꽤 되었지만, 지금도 <청정구역>을 생각하면 마음 한구석이 몽글몽글해진다.

아나운서를 꿈꾸면서 한 선배를 찾아 조언을 구했던 적이 있다. 그는 아나운서가 되는 방법을 알려주는 대신 왜 굳이 아나운서여야 하는지 물었다. 오히려 나이 들수록 가치가 올라가는 직업을 선택하라고 조언해주었다.

30대 초반이 되어서야 비로소 그 말을 이해할 수 있었다. 다른 직업도 마찬가지겠지만, 아나운서는 어느 정도 명망이 있지 않은 이상 젊은 후배들에게 어쩔 수 없이 자리를 내어주는 때가 온다. 방송에서 살아남으려면 자기 나이에 맞는 또 다른 콘텐츠를 찾아야 한다. 대부분 생계형 방송인들의 현실이기도 하다. 나 역시 마찬가지였으니, '박지희'가 아니면 안 되는 '대체 불가능'의 방송인이 되고자 한 건 이때 즈음이었고, 그 첫 시도가 시사 이슈를 다루는 팟캐스트였던 것이다.

그러나 시사 관련 방송은 누구나 가볍게 접근할 수 있는 분야는 아니었다. 더구나 시사 방송의 경우 진행은 물론 평론 분야에 남자들이 압도적으로 많아 내가 자리를 잘 잡는다면 오래오래 나만의 방송을 할 수 있으리라 생각했다. 물론 그간 진행해온 팟캐스트에서 나에 대한 반응이 나쁘지 않았기에 큰 고심 없이 시사 방송에 발을 담갔다.

그런데 미처 알지 못한 면이 있었다. 시사 방송은 주로 정치를 다루는데, 대한민국 정치 특성상 '무지성 지지자'들의 폭력성이 무시할 수 없을 정도로 강하다는 사실이었다.

진보와 보수로 나뉘어 싸우는 지형에서 한쪽 진영의 목소리를 낸다는 것이 얼마나 무서운 일인지 처음엔 꿈도 꾸지 못했다. 나를 응원하는 사람들이 있는가 하면 제대로 알기도 전에 색안경을 끼고 바라보는 사람들도 그만큼이나 존재했다. 그뿐이 아니라 내가 언제 어디서 무슨 말을 하건 진의와 관계없이 누군가의 이해관계에 따라 침소봉대될 수 있다는 점 역시 그땐 상상도 못 했다.

정치집단과 언론으로부터 부당한 공격이 닥쳐도, 뜬금없는 마녀사냥의 제물이 되어도, 아무리 억울한 일을 당해도 제대로 하소연할 수 없는 상황에 직면하게 된다는 것을 누군가 미리 경고라도 해줬다면 조금이나마 안전한 길로 돌아갈 수 있었을까?

앞서 말했듯 처음부터 시사 팟캐스트에만 집중했던 건 아니다. <MBC> 오디션 프로그램 '신입사원'에 출연도 했고, 2012년 대선 당시 민주당이 제작한 <문재인TV>에서 정책 홍보 방송을 진행하기도 했다. 그리고 <한국경제TV>에 캐스터를 거쳐 진행자로도 활동했고, <MBC>와 <SBS>의 아침 프로그램에서 생활 정보와 세계뉴스를 전했으며 <KBS 라디오> 주말 시사 브리핑도 진행했다. 어떤 방송이든 주어진 일에 최선을 다했고 모든 것이 나의 자산이 되리라 생각했다.

방송인으로 자리를 잡아가며 차마 웃지 못 할 일들이 있었다. 외모와 젊음이 실력의 일부로 평가받을 수밖에 없는 초보 방송인들의 숙명이라고 해야 할까.

일부 프로그램에서는 남자 시청자들이 많으니 일부러 허리를 부각하는 옷을 입고 치마를 더 짧게 접으라는 요구를 받기도 했다. 평소 티셔츠에 청바지를 즐겨 입는데 꼭 조이고 야 한 방송 의상은 불편하기 짝이 없었다. 시작부터 생방송을 진행한 것만으로도 힘든데, 낯선 의상에 외모 관리까지 해야 하니 한계에 부닥쳤다. 그렇다고 신입 처지에 불만을 털어놓을 수도 없어 울며 겨자 먹기로 그 말들에 따랐다.

뉴스를 진행할 때 일이다. PD가 불러놓고 말하기를, 기자가 취재해온 기사의 앵커 멘트를 써온 그대로 읽지 않고 인위적으로 수정을 해서 화를 냈다며 마음에 들지 않아도 임의로 고치지 말라고 했다. 물론 그 기자로서는 당연한 요구일 수 있겠지만, 나 역시 내 얼굴을 걸고 진행하는데 문맥이 맞지 않는 문장을 그대로 읽을 수도 없는 노릇이었다. 내가 기자의 아바타이고, 앵무새여야 하는지 회의가 느껴졌다.

나중에 알고 보니 경력이 없는, 일명 초짜는 토씨 하나 틀리지 않게 읽는 것에만 신경 써야 한다고 했다. 자기 의견을 덧붙이려면 그만큼 경력이 쌓여야 한다나. 그런 관행이 그 세계에서 불문율처럼 정해져 있었다. 까라면 까는 그런 문화가 방송국에도 있었던 거다. 아무리 그렇다 하더라도 자괴감이 드는 건 어쩔 수 없었다.

또 황당하고 억울했던 것은 나처럼 초짜 방송인, 심지어 프리랜서라면 부당함을 느껴 그만두고 싶어도 절대 먼저 그만둔다고 말해선 안 된다는 선배의 일침이었다. 먼저 그만두겠다고 하면 괘씸죄에 걸려 다시는 진행자로 불러주지 않는단다. 잘려서 그만두는 모양새여야 다음에 또 언제고 불러준다니! 겉으로만 화려하지, 뒤로는 별 희한한 일을 겪는 것이 방송인의 실제였다.

한 OO경제 채널에서 있었던 일이다. 방송을 마치고 퇴근하는데 엘리베이터에서 아마도 높은 직급으로 보이는 이와 마주쳤다.

"자네가 좌파의 이익을 대변하는 방송을 한다는 얘기가 있던데 정말인가?"

엘리베이터에서 내리면서 내게 던진 말이다. 지금 생각해도 너무 천박해서 웃음이 난다. 그렇게 흑백 논리로 따지자면 경제 채널은 재계의 이익을 대변하는 방송국이 아닌가.

차라리 "네가 하는 팟캐스트는 우리 회사의 결과 맞지 않으니 팟캐스트든 우리 회사 방송이든 둘 중 하나를 그만두는 게 좋겠다"라고 얘기했다면 충분히 이해했을 것이다. 그런데 마치 특정 집단의 이익을 대변하는 일은 불순하고, 또 다른 집단의 이익을 대변하는 일은 문제 없다는 식의 태도는 진영 논리에 물들어 합리적 사고가 마비된 무지성 지지자들이나 할 법한 얘기라는 생각이 들어 씁쓸했다.

방송국에서 자리 잡기란 참 어렵다는 것은 개편을 이유로 방송 잘하는 선배들을 내보내고 그 자리를 젊고 어린 진행자로 채우는 모습을 보면서도 깨달았다. '아무리 방송을 잘한다고 칭찬받아도 언젠가 저 선배들처럼 나이가 들었다는 이유로, 결혼하고 아이를 낳았다는 이유로 내 자리를 잃겠구나' 그러다 보니 자연스레 내가 아니면 안 되는 방송, 대체 불가능의 방송인 박지희가 되겠다는 욕심이 더욱 커졌던 것이다.

어린 시절엔 무작정 방송인이라는 유명인의 삶을 좇았다면, 이젠 정말 누가 들어도 재밌고 유익한 방송을 만드는 것, 그리고 그 중심에 내가 서는 것이 목표이다. 어떤 플랫폼에서든 내 이름을 건 프로그램을 만들어 사람들이 내 방송을 찾아오게 만들고 싶다.

예전에야 가식적이더라도 내 얼굴을 알리려면 소신과 반대되는 말도 할 수 있다고 생각한 적이 있었다. 하지만 이제는 내 목소릴 숨기고 마음에도 없는 소리로 방송하진 않을 작정이다. 또 나에 대한 왜곡된 정보로 만들어진 프레임에 갇히지도 않을 것이다.

이 시대의
"혐오를 조장하라!"

Deutschland Erwache! (독일이여 깨어나라!)

제2차 세계대전 중 나치 복을 입고 수많은 관중 앞에서 손가락을 치켜들고 외치던 인물, 괴벨스에 대해 방송이나 언론에 종사하는 이들이라면 모르지 않을 것이다. 독일 나치스 정권에서 선전장관으로 지내면서 나치의 나팔수 역할을 했던 인물이다. 그는 인물 선동의 제왕이라고 불릴 만큼 선동 기술이 대단했던 것으로 알려져 있다. 그는 단지 기술만 뛰어난 것이 아니라 대중의 심리를 잘 파악하고 있었다. 그리고 그것을 정치에 활용하면 어떻게 되는지도 너무나 잘 알고 있었다.

'승리한 자는 진실 따위를 추궁받지 않는다'라고 했다는 괴벨스의 말은 정권이 바뀔 때면 한 번쯤 떠오른다. 괴벨스는 나치 독일 패망 직전에 자살했지만, 여전히 현재도 살아있다. 그의 궤변과 논리가 반세기를 훌쩍 뛰어넘은 지금도 권력을 가진 이들의 선전 방식으로 쓰이는 것이다. 특히 오늘날 언론계에도 진실을 알려야 하는 사명감을 버리고 권력에 빌붙어 가짜 뉴스를 양산하고 비방글이나 써대는 수많은 괴벨스가 있다.

괴벨스의 어록 중 "분노와 증오는 대중을 열광시키는 가장 강력한 힘이다. 선전의 가장 큰 적은 '지식인주의'이다."와 "인민대중이란 작은 거짓말보다는 더 큰 거짓말에 속는다."라는 말은 대중의 속성을 잘 이해했다고 볼 수 있다. 진실을 밝히기 위해 노력하지 않는 대중들의 게으름을 간파한 것이다.

또 대중에게 누군가를 미워하는 분노, 증오, 혐오 등을 심어주면 때로 이를 삶의 원동력으로 삼기도 한다. 지금도 이런 방법이 응용되고 있지 않은가. 사회 곳곳에 있는 수많은 혐오가 그렇다. 괴벨스의 지적처럼 역사적으로 위정자들은 똑똑한 국민을 좋아하지 않았다.

2016년 미국 대통령 선거에서 트럼프가 힐러리를 이길 수 있었던 것도 한편으로는 대중들의 게으름 덕분이었다. 공화당으로서도 트럼프의 행적으로 비추어볼 때 대통령으로서 부적

합한 인물임을 부정할 수 없었다. 미국 언론 중에는 아예 대놓고 트럼프를 비판하는 곳도 있었다.

대선에서 승리하려면 힐러리의 부정성을 부각해 힐러리도 똑같은 사람이라고 대중이 믿게 만드는 방법이 필요했다.

언론은 열심히 가짜 뉴스를 만들어 대중들에게 주입했다. 대중들은 그 뉴스의 내용이 사실인지 아닌지 찾아보는 수고를 구태여 하지 않았다. 부정적인 정보가 긍정적인 정보보다 먼저 들어오고 기억에 오래 남는다는 심리를 이용했기에 트럼프가 마침내 대선에서 승리할 수 있었다. 악화가 양화를 구축한다는 말처럼 힐러리에 대해 검증되지 않은 가짜 뉴스가 트럼프의 패배 예측을 뒤집었다.

미국에서만 그럴까? 우리나라도 크게 다르지 않다. 우리 사회에도 대중들의 게으름이 가짜 뉴스를 쏟아내게 한다. 물론 정보를 찾으려고 노력하지 않는 것은 아니다. 검색 정보는 홍수처럼 쏟아져 나오는 시대 아닌가.

다만 정보를 찾아보려고 할 때 정보의 질 그리고 정보를 하나하나 꼼꼼히 살펴봐야 하는데, 그냥 검색해서 좋다고 하면 좋은 거고 아니라고 하면 아닌 거로 끝낸다. 심지어 댓글로 판단해버리는 경우도 있다.

분노와 증오에 집중하면 할수록 진실에서는
멀어진다는 것을 괴벨스는 잘 보여주었다.

검색 대상이 물건이라면 잘못된 정보로 실패하더라도 그 책임을 본인이 지면 된다. 주식 정보도 본인이 선택한 만큼 자기 돈으로 책임지면 될 일이다. 하지만 사람을 뽑는 투표는 공동체에 어마어마한 책임을 지운다. 잘못된 판단으로 탄생한 지도자는 어마어마한 국가적 손실을 초래한다. 국정농단을 벌인 박근혜 정권을 보며 체감하지 않았는가.

그러나 여전히 우린 게으르다. 국가의 5년을 책임질 지도자를 뽑는데, 오늘 저녁 한 끼 먹기 위한 맛집을 찾아보는 만큼의 정성도 들이지 않는다. 언론 보도가 진실이라 믿는 게 편하고 익숙하다. 이렇게 습관화된 사람들일수록 언론에 휘둘릴 수밖에 없다. 국민이 가짜 뉴스에 휘둘리지 않고 부지런히 진실을 찾으려 애 좀 쓴다면, 세금으로 먹고사는 고위 관료가 국민은 개돼지라고 함부로 막말을 하진 못할 것이다. 우리가 그런 자들을 위해 기꺼이 개돼지가 되겠다는 생각이 아니라면 아무리 언론에서 쏟아내는 정보들이라도 허투루 넘기지 말고 의심하고 또 의심해서 진실을 찾아야 한다.

대중들은 한번 인지한 사실을 바꾸려 하지 않는 습성이 있다. 가령 한창 우리 사회를 달궜던 미투 운동을 보자. 반박할 수 없는 증거로 미투 사건의 가해자로 밝혀지는가 하면 가짜 미투 사건의 피해자가 된 억울한 이들도 있었다. 무고하다고 밝혀졌어도 대중들은 가해자로 인지하고 있는 경우가 많다. 그뿐만 아니라 사회를 떠들썩하게 하는 사건·사고에서도 논쟁의 여지가 있지만, 이미 일부 집단에 유리한 방향으로 종결되어버려 의문을 표명하기만 해도 '막말'이라며 매도당하기도 한다.

명명백백하게 밝혀진 사건이 아니고서야 합리적 의심은 자유다. 합리적 의심만으로도 잘못된 것처럼 가두는 프레임이 문제다. 아마도 진실이 밝혀지는 게 두렵기 때문이 아닐까. 자기 논리를 펼치는 데 방해가 될 수 있으니 대중들이 똑똑한 것을 바라지 않는 게 아닐는지.

사실 왜곡은 그 뒤에 가려진 진실이 알려지지 않기를 바라기 때문이다. 왜곡되고 거짓인 정보에서 어떤 누군가에겐 콩고물이 떨어질 것이다.

사실 가짜 뉴스는 정치적인 목적에서 의도된 경우가 많다. 사실이 아닌데도 기사나 뉴스 형식으로 포장해 널리 퍼뜨린다. 어느 시대고 유언비어나 소문이 없지 않았다. 하지만 스마트폰 보급으로 SNS가 널리 급속도로 확산하면서 가짜 뉴스가 물을 만났다. 언론의 형식을 띠니 무조건 믿고 보는 유아적 발상도 우습지만, 자신이 보고 싶은 것만 보고 믿음을 굳히는 '확증편향'이 가짜 뉴스 양산에 큰 힘을 실어주었다.

이제는 정치진영, 이익집단, 그리고 언론에서 괴벨스의 선전 선동 효과를 톡톡히 보고 있어서인지 대중들의 분노를 끄집어내는 정보에 집중한다. 대중들이 분노와 증오에 집중하면 할수록 진실에서는 멀어진다는 것을 괴벨스는 잘 보여주었다.

우리의 상대가 '그래, 전에 우리는 당신에게 표현의 자유를 보장해주었잖아'라고 한다면 이렇게 말할 것이다. '그래, 당신들이 우리에게 그렇게 했지! 하지만 그건 우리가 당신들에게도 그렇게 해야 한다는 증거가 아냐! 당신들이 멍청하다는 증거일 뿐!'

1935년 12월 4일 괴벨스의 연설 중 한 대목이다. 어쩌면 앞으로는 괴벨스 역할을 잘하는 진영이 권력을 좌지우지할지도 모른다. 이미 그런 사례도 있지 않은가. 이명박 정권이 차기 대선 승리 등을 목적으로 국가정보원과 국방부를 이용해 조직적으로 여론을 조작했던 사건 말이다.

괴벨스는 세 치 혀로 독일 국민을 사로잡았으니 뛰어난 능력의 소유자임은 틀림없다. 다만 그 뛰어난 능력을 나치와

히틀러를 위해 썼다는 점에서 곡학아세이다.

괴벨스처럼 그릇된 이론이나 믿음을 이용해 사람들을 속이고, 그들을 이용해 자기 이익을 추구하는 혹세무민의 현장은 세기를 달리한 오늘날에 더욱 활개 치고 있다. 바로 마치 진실인 듯 결코 진실이 아닌 수많은 가짜 뉴스들이다.

괴벨스, 그리고 가짜 뉴스로 누군가를 고통에 빠뜨린 이들을 언급하고 보니 '진실의 입'이 떠오른다. 거짓을 말한 사람이 입 안에 손을 집어넣으면 손이 잘린다는 전설을 가진 로마의 조형물 말이다. 우리 사회에 필요한 진실의 입은 어디에서 찾아야 하나.

마녀사냥당하다

침소봉대針小棒大, 바늘만 한 작은 일을 몽둥이만큼 크게 부풀린다는 뜻이다. 침소봉대는 현실에서도 종종 나타나는 현상인데, 특히 언론 보도에서 자주 볼 수 있다. 사건 보도가 언론의 본질이다 보니 때로는 과장해서, 때로는 확대돼 해석된다. '저게 보도될 만한 일이야?'라고 생각하는 것까지도 볼썽사납게 보도된다. 작은 일이라도 있는 그대로만 쓰이면 별문제 없겠지만 부풀려져 시빗거리가 되고, 가짜뉴스가 진짜처럼 도배돼 특정 인물을 공격하기도 하며 그 억울함에 세상을 등지는 피해자가 생기는 경우도 많았다.

나 역시 설마 했던 일이 기사에 실리면서 어느 날 갑자기 화제의 인물로 많은 이들의 입에 오르내리게 되었다.

박지희는 14일 '<청정구역> 팟캐스트'에서 '故 박원순 전 서울
시장 성추행' 사건의 피해자(고소인)를 언급하며 "4년간 그러면
대체 뭐 하다가 이제 와서 갑자기 김재련 변호사와 세상에 나
서게 된 건지도 너무 궁금하다"라고 말했다…. "본인이 처음에
신고를 하지 못했다. 서울시장이라는 위치 때문에. 처음부터 신
고를 했어야 한다고 이야기를 하면서도 왜 그러면 그 당시에
신고하지 못했나. 나는 그것도 좀 묻고 싶다"고 말했다.

2020년 7월 15일부터 언론에 보도된 내용이다. 거의 모든
언론이 대동소이하게 내가 2차 가해 발언을 했다며 앞다퉈 보
도했다. 당시 나는 TBS 교양프로그램 <더 룸>을 진행하고 있
었다. 물론 TBS에서도 밝혔듯이 정직원이 아닌 프리랜서 아나
운서였다.

나는 왜 <청정구역> 팟캐스트에서 이런 발언을 했을까?

아마 기자들이 나와 같은 의문을 가지고 취재하고 기사
를 썼다면 기사 내용은 조금이나마 달라졌을지도 모른다. 하지
만 그날 <청정구역>을 본 시청자가 제보한 것을 한 언론사 기
자가 그대로 받아쓰고 다른 언론사들이 또 그대로 베껴 쓰면
서도 아무도 내게 인터뷰를 요청하지 않았다. 차라리 "당신은

왜 이런 발언을 해서 논란을 만드느냐?"라고 직접 대고 물었다면 나는 그 몇 마디뿐만 아니라 그날 했던 훨씬 더 많은 이야기를 들려줄 수 있었을 것이다.

분명한 것은 당시에도 사과했지만, 피해를 호소한 여성분을 비난할 의도로 한 말이 아니었다는 점이다. 그분으로선 4년이 긴 시간인데 당시 변호사나 언론에 가서 말했으면 고통의 시간이 줄었으리라는 의미였다. 결과적으로 상처를 안겨주었으니 그 점에 대해서는 이 자리를 빌려 다시 한번 사과를 드린다.

그날 <청정구역>을 시청한 사람들이라면 내가 한 발언들이 어떤 맥락에서 나왔는지 이해했을 것이다. 고 박원순 전 서울시장의 성 비위 문제가 터지고, 그 문제로 한창 논쟁거리가 되어 있을 때였다. <청정구역>에서 그 상황들에 관해 이야기가 오가던 중, 나는 왜 고소인이 하필이면 김재련 변호사와 함께 나왔는지 의문이 들었다.

또 내가 그런 발언을 한 데에는 성폭력 피해자 지원을 전담하는 '해바라기센터'를 말하고 싶다는 뜻도 있었는데 당시 기자들은 자극적 얘기에만 치중해 받아쓰기 보도를 이어간 것이다.

인간은 누구나 보고 싶은 것만 보고 듣고 싶은 것만 듣는 경향이 있으며 믿고 싶은 것만 믿기도 한다. 그것이 정치 관련된 이슈라면 더더욱 그렇다. 언론에서 외면하는 바람에 많은 이들이 모르는 사실이 있다. 그날 방송에서 나는 고 박원순 전 시장의 지지자들이 보이고 있는 피해자를 향한 2차 가해에 가까운 공격 또한 기형적인 행태라고 가열하게 비판했다는 것이다.

내가 정치적인 성향이 더불어민주당(이하 민주당)에 가깝다고 하지만, 덮어놓고 민주당만 지지하는 무지성 지지자도 아닌데 – 심지어 나는 그런 성향의 지지자를 보수 진보 할 거 없이 가장 경멸한다 – 말이다. 그런데 내가 한 말 중에 한 부분만 잘라내서 굉장히 악의적으로 박 전 시장 피해자를 공격한 것처럼 보도했다.

<PD저널> 2020년 7월 17일 자 기사에서 '지난 15일부터 17일까지 250건(네이버 기준)이 넘는 기사를 통해 박지희 아나운서의 문제 발언이 전달됐다.'라고 할 정도로 말 일부분만 따서 보도된 기사들이 인터넷 뉴스에 도배가 되었다. 그런 동안에도 아무도 내게 인터뷰를 요구하지 않았다. 그러면서 내 신변잡기는 왜 그리도 찾으려고 혈안이 되었는지 SNS를 뒤져 거기에 있는 사진들을 올려놓고 명품 가방을 들었다는 둥 세상 쓸모없는 내용을 기사랍시고 퍼 나른 이유가 뭔지 모르겠다.

어쩌면 대놓고 날 인신공격하는 기사를 쓰고 싶었을 수도 있었겠다. 하지만 기자 체면에 그럴 수는 없고 굳이 본인들

침소봉대로 기사화해놓고도
그 어떤 책임도 지지 않는 채
당사자만 마녀사냥에 노출되
도록 방치하는 게 요즘 저널
리즘의 한 단면이다.

손으로 지저분한 얘기 쓰지 않고 사진만으로도 비난이 오도록 과장해놓으면 된장녀네 뭐네 하며 뻔한 악플이 달릴 것을 예상하지 않았을까. 실제로 3일에 걸쳐 쏟아진 기사로 수많은 악플에 시달려야 했다. 입에 담을 수도 없는 욕과 비난을 들었다.

일각에서는 유명세 좀 치르려는 노이즈마케팅이라고도 했다. 굳이 그렇게까지 하지 않아도 방송 잘하고 있는데 말이다. 나를 관심 종자로 만들어야 속이 시원했던 걸까?

결국 TBS에서는 하차했다. 이것도 처음에 제대로 취재조차 하지 않고 내가 'TBS 아나운서'라고 기사를 낸 기자들과 마치 내가 TBS 방송에서 문제의 발언을 한 것처럼 기사를 낸 다른 기자들 때문에 TBS 관계자들도 엄청난 고초를 겪었다.

박지희는 TBS 소속이 아닌 프리랜서 진행자이고, 그 발언 역시 TBS 방송이 아닌 진보 성향의 팟캐스트에서 했던 발언임을 여기저기 해명해야 했던 것이다. TBS 측의 해명이 나가자 기자들은 또 'TBS 박지희 손절'이라는 식의 기사를 생산해댔다. 지금 보면 헛웃음이 나는 황색언론 수준의 작태이다. 사실 모두 다 소송감이고 당시 그런 내용의 기사를 퍼 나르는 기자를 상대로 소송을 걸라는 조언도 많았다. 하지만 그때는 내 억울함을 밝히는 것보단 더는 사람들 입에 오르내리지 않고 싶다는 생각뿐이었다. 기자들이 나에 대해 아무리 인신공격성 기사를 쓰고 거짓 정보를 사실처럼 퍼 날라도, 그리고 그 기사만 보고 차마 입에 담지 못할 댓글을 다는 악플러들이 있어도 아무 대응도 하지 않은 까닭이다. 제법 멘탈이 강하다 자부했던 나도 그 일로 한동안 트라우마에 시달렸다. 하지만 비난하려 드는 사람만큼이나 날 응원해주는 사람도 많아졌다. 그들 덕에 힘든 시기를 잘 넘길 수 있었다.

사람이 한 말을 있는 그대로 전달만 해도 문제가 되지 않는다. 중간에서 침소봉대하는 기자들이 문제다. 과장해야 눈길을 끌 테니 그들로서는 효과적인 방식이었을 테고, 손대지 않고 코 푸는 격이니 늘 그런 식으로 보도했던 거다.

논란이 되던 당시엔 기자들의 이성을 상실한 무차별적인 보도가 두려워 내 말이 악용될 것까지 고려해서 말해야 하니 한탄스럽기까지 했다. 기자들은 자기네 표현의 자유를 말하면서 정작 우리 같은 스피커나 기자가 아닌 이들에게는 표현의 자유를 말살하려는 것이 아닌가.

최근에도 그렇다. 현재 나는 지상파나 공적 방송에서 맡은 프로그램도 없고, 이름만 대면 알만한 셀럽 방송인도 아니다. 그런데도 유튜브까지 찾아 들어와서 유튜브 개인 채널에서 자유롭게 소감이나 감상 정도로 한 발언을 두고 일제히 기사화한다. 마치 누가 한 건 터뜨려주기를 기다렸다는 듯이.

진보 유튜브 채널 프로그램 <이이제이>에 출연해 윤석열 대통령의 취임사에 붙여 내가 느낀 감상을 말한 적이 있다. 시사를 주로 다루는 방송이다 보니 정치적 이슈 등을 소신 있게 말한다. 마침 대통령 취임식이 당시 가장 큰 정치 이슈이다 보니 취임사에 대한 생각을 주고받았다.

"위기의 민주주의, 국민이 주인인 나라를 재건하겠다."라는 취임사를 두고 우리나라 민주주의가 위기면 지금 대통령은 용산이 아니라 닭 모이가 됐을 수도 있다고 했다. 그런데 박정희 정권 때 김형욱 전 중앙정보부장의 실종 사건을 비유로 든 것을 어떤 기자(기레기라고 읽어야 하는 자)가 문제 삼았다.

김형욱은 원래 박정희 정권의 온갖 악역을 자처했던 인물이다. 그런데 토사구팽당한 후 미국으로 망명해 박정희를 비판하고 치부를 고발하는 회고록을 출간하는 것으로 박정희와 갈등을 빚었다.

1979년 프랑스 파리에서 중앙정보부 해외 파견 요원들에게 납치된 이후 그의 행적이 공식적으로 확인되지 않고 있다. 파리 근교의 양계장에서 살해된 뒤 닭 모이로 처리됐다는 의혹이 제기되기도 했다. 아직도 정확한 진실은 밝혀지지 않고 있다.

윤석열 대통령의 취임사처럼 민주주의가 무너진 나라에 살고 있다면 전 대통령에게 반기를 들었던 검찰총장이 어떻게 대통령이 될 수 있는지를 강조하려고 그런 비유를 들었을 뿐이다.

항상 그렇듯이 기자라는 이들이 문맥을 제대로 읽지 못하는 것인지 비유를 사실로 받아들인 모양이다. 내가 윤석열 대통령이 닭 모이가 되어야 한다고 말한 것도 아니었는데, 그들로서는 닭 모이가 자극적이라 클릭 장사로 활용하기 좋은 소재가 됐던 것이다.

게다가 다른 출연자들이 진지하게 말렸는데도 이렇게 말한 것으로 기사를 써놓았다. 방송을 본 사람들이라면 자유로운 분위기에서 우스갯소리 정도로 한 말이었다는 것을 알 텐데 그 기사만 보면 몹쓸 사람이 따로 없게 조장해 놓았다.

침소봉대로 기사화해놓고도 그 어떤 책임도 지지 않는 채 당사자만 마녀사냥에 노출되도록 방치하는 게 요즘 저널리즘의 한 단면이다.

페미니스트가
망친
페미니즘

2차 가해라는
유령이 떠돈다

　예전에 <MBC>에서 방영한 '이제는 말할 수 있다'라는 다큐멘터리가 있었다. 주로 근현대사의 은폐되었던 사건들을 조명하는 프로그램이었다. 방송 이후 내용보다 제목이 더 다양하게 응용이 되기도 했다.

　아주 오래된 일은 아니지만 나 역시 한 번은 짚고 넘어가야 할 이야기가 있다. 나에 관한 기사마다 '막말'과 '2차 가해'가 따라붙는데, 한 번쯤은 해명할 기회를 얻고 싶었다. 기사는 버젓이 써놓고 한마디라도 내 입장을 묻거나 취재를 요청하는 기자들이 없었으니 흐지부지 넘어가게 되었다.

　2020년 팟캐스트 <청정구역>에서 고故 박원순 전 서울시장 성추행 사건 피해자에게 "4년 동안 뭣하다가 이제야 김재련 변호사와 나왔느냐"라는 발언으로 피해자에게 2차 가해를 했다는 기사가 여전히 내 이름 뒤로 꼬리표처럼 따라다닌다. 내 발언으로 피해자가 고통을 받았다면 2차 가해가 아니라고 우길 수는 없다. 하지만 이 발언의 요지는 피해자를 공격하거나 상처를 주려는 데 있지 않았다.

앞에서도 살짝 썼지만, 내가 한 말 중에 한 부분만 잘라내, 마치 피해자를 공격하는 것처럼 굉장히 악의적으로 기사를 냈다. 다른 기자들은 이걸 다시 받아썼다. 당시 피해자의 법적 대리인인 김재련 변호사 역시 그 기사를 자신의 SNS에 올리기도 했었다.

그때 내가 한 발언의 요지는 의문이었다.

"왜?"

어떤 사건에서 진위가 분명하지 않을 때 의문을 품는 게 문제가 되는 건가. 또다시 그때로 돌아간다 해도 그 의문은 사라지지 않을 것이다. 물론 피해자에 대한 2차 가해의 의도가 없었음을 분명히 할 테지만 말이다.

기자들은 클릭 장사를 위해 나를 2차 가해자로 낙인찍는 거로 끝내지 않았다. 내 인스타그램에 들어와 올렸던 게시물을 무단으로 캡처해서 기사에 쓰기도 했다. 차라리 직접 찾아와 취재했다면 모를까, 하물며 코로나에 걸린 것까지 기삿거리가 될 일인가? 핵심에서 벗어난 신변잡기를 물타기 하는 기사에 나는 메신저 공격에 시달려야 했다.

차라리 정치적인 발언을 두고 정당하게 비판하면 모를까, 온갖 욕설로 도배된 메신저 공격에 신경쇠약에 걸릴 지경이었다.

내 인생에서 트라우마로 남을 충격적인 경험이었는데, 아마 기자들은 그런 기사를 썼는지도 모르지 않을까 싶다. 그런 식으로 기사를 쓰는 데 익숙하니 말이다.

그렇게도 자극적인 기사가 필요하다면 일부 공개되었던 당시 윤석열 대통령의 배우자인 김건희 코바나컨텐츠 대표의 녹취록 내용이 훨씬 자극적이지 않나. '미투는 사귀고 나서 돈을 주지 않아 생긴 일'이라며 여성을 비하했다. 나를 공격한 기자들이 여성으로서 어떻게 여성을 공격하느냐, 2차 가해는 안 된다고 한 것처럼 김건희 여사에게도 똑같이 물어야 하는 게 아닌가.

그들이 주장하는 여성 인권이며 피해자 보호는 본인들이 자리 하나 차지하려고 달려드는 이익집단의 행태나 다를 게 없었다. 그들의 키보드는 힘의 영향력에 따라 표현이 달라진다.

거두절미하고, 핵심은 "4년 동안 뭣하다가 이제 나왔냐?"

가 아니라 "왜 김재련 변호사와 나왔나?"였다. 내 의문의 본질이다. 찾아본 정보에 따르면 김재련 변호사는 뚜렷한 정치적 성향을 보여 온 인물이었다. 그런 정치적 성향이 없는 변호사와 나섰다면 쓸모없는 정치적 논란에 휘말리진 않았으리라는 아쉬움에서 문제의 발언이 나왔다.

김재련 변호사는 박근혜 정부에서 위안부 관련 업무가 포함된 여성가족부 권익증진국장으로 일했다. 그는 당시 한·일 위안부 합의에 따른 결과물인 '화해치유재단' 이사로, 방송에서 한 발언이 논란을 불러오기도 했다.

"우리 모두 조금씩 양보해서 평화로운 미래를 위해 적극적으로 행동해야 한다!"

어떤 의미로 이렇게 말했는지와는 별개로, 당시 위안부 피해자들의 의견은 합의에 반영되지 않았을 뿐만 아니라 일본 정부의 공식적인 시인과 사과도 전제되지 않은 상황이었다. 그 상황에서 설립된 화해치유재단은 위안부 피해자이자 여성 인권 운동가였던 김복동 할머니를 포함한 위안부 피해 단체 등에서 반대한 사안이기도 했다. 그런 상황에 위안부 할머니들을 위한다는 재단의 이사로서 할 말은 아니라고 봤다.

그랬던 김재련 변호사가 나를 향해서 "용기 있는 외침, 김학순 할머니는 성 착취 피해를 겪은 지 40년이 지난 1991년 비로소 목소리를 냈다"며 할머니께도 "왜 이제야"라고 물을 거냐고 했다. 그 말이 참 억울하기도 하고, 인간으로서의 염치란 무엇인지 다시 생각하게 되었다. 화해치유재단 이사로서의 김재련과 박원순 피해자 법률대리인 김재련의 발언이 너무나 상반된 게 아닌가 싶었다.

그리고 나의 가장 큰 의문은 해바라기센터를 향해 있었다. 뒤에서 다루겠지만, 해바라기센터는 성폭력 피해자 지원을 전담하는 여성가족부 소관 사업이었다. 2005년 대한민국 경찰청과 국립경찰병원이 협의해 원스톱 지원센터 개소를 시초로 하는데, 2015년 박근혜 정부는 해바라기센터로 명칭을 통일했다.

성폭력과 관련해 피해자는 직장에 신고하든 경찰서에 신고하든 무조건 해바라기센터로 가게 되어 있다. 그전에는 관련 여성단체가 도움을 주었다면 이제는 해바라기센터가 전담한다. 달리 말하면 우리나라 권력자나 기득권층의 성폭력, 성희롱 사례는 해바라기센터로 모이게 되는 것이다.

물론 해바라기센터를 포함한 여러 여성 인권 단체가 사회적 약자나 여성을 위해 이바지하고 있다는 건 인정해야 한다. 하지만 성 관련 피해 사례가 해바라기센터같이 한 기관으로 몰리게 되는 구조 역시 경계해야 한다는 것이다. 분명 그 반작용으로 또 다른 피해자가 생길 수 있을 테니 말이다.

물론 해바라기센터를 포함한 여러 여성 인권 단체가 사회적 약자나 여성을 위해 이바지하고 있다는 건 인정해야 한다. 하지만 성 관련 피해 사례가 해바라기센터같이 한 기관으로 몰리게 되는 구조 역시 경계해야 한다는 것이다. 분명 그 반작용으로 또 다른 피해자가 생길 수 있을 테니 말이다.

아무리 선한 의지가 있고, 능력도 있다 한들 국가기관의 성 문제 법률 자문을 한 기관만 독점한다는 것은 모든 성 문제의 판단을 그 기관 뜻에 맡긴다는 의미로서 굉장히 위험한 결과를 불러올 수 있는 것이다.

아무튼 박근혜 정부에서 화해치유재단 이사로 활동했고, 그와 함께 모든 권력자의 성 비위가 모이는 해바라기센터에서도 중요한 위치에 있었으며 안희정 전 충남지사 사건의 피해자 김지은 씨의 변호인을 맡기도 했던 김재련 변호사. 그런 그녀가 박원순 전 시장의 피해자의 변호인으로 나오니 "왜 그랬을까?"라는 자연스러운 궁금증이 들었던 것이다. 해바라기센터의 시스템상 피해자가 다른 변호사를 선택할 여지가 없었다는 사실을 알고 나니 아쉬움은 더 컸다.

성범죄 등으로 피해를 본 사람을 모욕하거나 상처 주는 '2차 가해'는 원칙적으로 하지 말아야 한다. 그렇다고 사실에 대한 반박 시도조차 2차 가해로 모는 일도 없어야 한다. 명확한 증거가 필요하다는 발언이나 일방적으로 피해자 측 의견에만 근거하는 문제를 언급하면 바로 2차 가해의 화살이 날아온다. 2차 가해의 프레임에 갇히면 어지간해서 빠져나오기 어렵다. 묻지도 따지지도 말라는 억지 논리라는 방증이다.

가장 어이없는 말이 "피해자의 눈물이 증거입니다."이다. 그건 결코 피해자에게 도움이 될 말도 위로도 아니라고 본다. 피해자 처지에서도 눈물이 아닌 진실로 싸워 이겨야 하기 때문이다.

해바라기센터를
아시나요?

2020년 9월에 이상호 기자가 진행하는 유튜브 채널에서 해바라기센터를 다룬 적이 있다. 해바라기센터는 박근혜 정부 때 만든 국가 시스템으로, 성폭력 피해자에게 상담에서 의료, 법률, 수사, 심리치료 지원을 원스톱one-stop으로 제공하는 전국 네트워크 조직이다.

앞서 언급했던 김재련 변호사는 여가부를 퇴임하고 본업으로 복귀한 후 해바라기센터에서 2015년부터 2020년 당시까지 운영위원으로 재직했다.

그런데 방송이 나가고 <오마이뉴스> 9월 23일 자 '그들이 김재련을 물고 늘어지는 까닭'이라는 제목의 기사에서 사실관계를 놓고 해바라기센터가 박근혜 정부에서 만들어진 시설이 아니라 2003년 노무현 정부에서 아동 성폭력 전담 기구 설치를 위한 방안이 검토되면서 설립 논의가 시작됐고, 2004년 6월에 서울해바라기아동센터를 시작으로 전국에서 운영되고 있다고 했다. 기초적인 사실 확인조차 되지 않았다며 앞선 탐사 취재를 비판했다. 한마디로 사실도 확인하지 않고 뭘 따지냐는 거였다.

설마 기초적인 사실 확인도 하지 않았겠는가. 기자가 말하는 해바라기센터, 물론 노무현 정부 때부터 있었다. 하지만 그 해바라기센터와 2015년 해바라기센터는 크게 차이가 있다. 여성가족부 홈페이지 정책 뉴스 2014년 12월 31일 자 기사를 보자.

> 여성가족부(장관 김희정)는 전국 34개 여성폭력피해자통합지원센터(여성, 학교폭력피해자원스톱지원센터, 해바라기아동센터, 해바라기여성/아동센터)의 명칭을 '해바라기센터'로 통일하기로 확정하고, 새해 1월 1일(목)부터 시행한다고 밝혔습니다.

당시 여성가족부 김재련 권익증진국장은 "3개 유형의 센터가 여성 폭력 피해자를 위한 수사·상담·법률·의료 서비스를 지원하고 있지만, 명칭이 서로 달라 이용자가 혼란을 느끼는 경우가 있었다."라면서 "폭력 피해자와 가족들이 어려움에 처할 때 지원받을 수 있는 곳을 '해바라기센터'로 쉽게 떠올려 필요한 도움을 신속하게 받을 수 있도록 여성가족부는 최선의 노력을 다할 것"이라고 밝히기도 했다.

2015년 모든 것을 한 곳에서, 한 번에 지원하는 해바라기센터 서울과 경북지역 2개소가 신설됐다.

성범죄 피해가 발생하면 해바라기센터를 거쳐야 한다. 경찰서를 가더라도 원스톱 서비스가 이뤄지는 해바라기센터에 가보라고 한다.

광역자치단체인 서울시도 '성희롱·성폭력 사건처리' 매뉴얼에 따라, 피해가 발생하면 해바라기센터 등을 통해 심리와 의료 지원을 하게 되어 있다.

여가부가 새롭게 재편한 해바라기센터가 원스톱 지원 서비스를 내세우고 조직을 확대했지만, 성과 뒤에 문제점도 노출됐다. 무고한 피해자가 양산된다는 것이다.

성폭력 문제가 발생했을 때 경찰에서 본연의 임무대로 수사하면 크게 무리가 생기지 않을 것이다. 증거가 제출되면 조사해서 사실은 사실대로 하고, 증거는 참고하면 된다. 하지만 해바라기센터를 거치면서 그 과정을 건너뛰는 건 아닌지 의구심이 드는 것이다.

가해자로 지목된 측에서 CCTV를 확인하겠다거나 증거를 제시하라고 요구하면 '2차 가해'라고 압박을 받는다. 왜 피해자의 아픈 상처를 진술하게 하느냐며 거부당한다. 가해자로 지목된 사람으로서는 가해자가 아님을 입증할 권리도 있는데 손발을 묶는 것과 다름없이 이도 저도 할 수 없으니 답답한 상황에 놓인다.

원래 법리적으로는 무죄추정의 원칙이 있으나, 그건 이미 가해자라는 프레임에 씌워진 뒤이다. 해바라기센터를 구성하는 경찰은 수사 의지가 있기나 한 건지, 범죄 사실을 증명할 증거를 찾는 조사 대신 '피해자의 눈물이 증거'가 되어버리는 어처구니없는 상황이 발생한다. 물론 가해자로 지목된 이 중에는 정말로 범죄를 저지른 이도 있을 것이다. 그렇더라도 절차를 거쳐 철저한 조사를 통해 밝혀질 일이다.

또 다른 피해자가 그렇게 탄생한다. 실제로 억울한 피해자들의 진실이 밝혀지기도 하지만, 때는 이미 범죄자로 낙인찍힌 뒤라는 점이 치명적이다. 우리 가족이 그런 피해자가 되지 않으리라는 보장이 있는가. 해바라기센터에서는 모두에게 인권이 있다는 원칙 자체가 적용되지 않는다.

'곡성 성폭행 누명 사건'은 성범죄에서 무죄추정의 법리가 아닌 유죄 추정이 어떻게 무고한 사람을 가해자로 만들었는지 생생히 보여주는 사례다. 피해자 얼굴을 단 한 번도 본 적 없는 한 집안의 가장이 하루아침에 성폭행범이 되어버린 사건이었다.

2015년, 당시 피고는 17세 지적장애 미성년자를 성폭행했다는 모함을 받고 1심에서 징역 6년을 선고받았다. 사실은 피해자의 가족 중에 진범이 있었지만, 수사기관에서는 무고를 주장하는 피해자의 말을 전혀 들어주지 않았다.

결국 이 사건은 수사기관이 아닌 가족의 노력으로 진범을 잡으면서 매듭이 풀렸다. 3여 년 만에 무죄 선고를 받았지만 이미 한 가족의 삶은 쑥대밭이 돼 있었다. 재산 피해는 물론 사건 후유증에 시달려야 했다. 그렇게 되기까지 주변의 손가락질은 어떻게 감당했겠는가.

정말 무고한 피해자들이 나와도 해바라기센터에서는 그들을 구제해주거나 그들을 피해자로 만든 사람들을 처벌하지 않을 뿐만 아니라 책임지지도 않는다.

대중 역시 처음 사건이 발생했을 때만 기억하지, 그 후 상황을 굳이 알려고 하지 않는다. 가해자가 무고로 밝혀져도 대중들의 기억엔 이미 가해자로 뇌리에 박혀 있다.

해바라기센터는 성폭력 피해자가 장애인일 때 진술의 일관성이 없는 경우에도 증거 불충분으로 처리하지 않게 한다. 장애인의 특수성을 들기 때문이다. 장애인이 "저 사람한테 당했어요!"라고 지목하면 무죄추정의 원칙은 사라지고 꼼짝없이 가해자로 낙인이 찍힌다.

해바라기센터가 여가부에 소속됐다는 자체가 어불성설이다. 여가부에서 지금껏 해왔던 사업들이 양성평등보다 여성에게 편중된 가치를 추구했다는 점은 많은 이들도 인정한다. 여가부나 해바라기센터는 페미니즘을 기반으로 성범죄를 규정한다. 페미니즘이 극단으로 가면 남성들은 잠재적 가해자가 되어 버린다.

지금까지 이런 식의 무고한 피해자가 있었는데도 책임지는 이는 없었다. 무고의 경우 한 사람의 인권과 인생, 넓게는 한 가정을 무너뜨리는 참사를 낳지만, 진실이 밝혀져도 누구 하나 반성하고 책임지지 않는다. 오히려 상담 기관을 찾는 여성에게는 무고라 할지라도 책임을 묻지 않는다. 이러한 시스템이 과연 아무 문제가 없는 것인가.

해바라기센터는 국가기관에서 운영하는 시설이지만 실적을 위주로 피해자를 만들어내는 것이 아닌지 되물어야 한다. "피해자를 우리가 구제했어요!"라는 구호 뒤에 성과와 실적만 내세우는 것은 아닌지 말이다.

이곳에서 실적이 쌓이면 본인에겐 사회적 명예요, 정치적 자산으로 둔갑한다. 저 사람이 저렇게 많은 사람을 상담해서 가해자들을 처벌했다는 걸 알리고 싶어 한다. 무리한 진행이라고 보이는 건 그래서 씁쓸하다.

교각살우矯角殺牛라는 말이 떠오른다. 중국에서는 옛날에 종을 처음 만들 때 뿔이 곧게 나 있고 잘생긴 소의 피를 종에 바르고 제사를 지내는 풍습이 있었다고 한다.

한 농부가 제사에 사용할 소의 뿔이 조금 삐뚤어져 있어 반듯이 바로잡으려고 팽팽하게 뿔을 동여매었더니 뿔이 뿌리째 빠져서 소가 죽었다는 데서 비롯된 말이다.

작은 결점을 고치려다가 수단이 지나쳐서 오히려 큰 손해를 입는 경우를 말한다. '빈대 잡으려다 초가삼간 다 태운다'라는 우리 속담과도 같은 의미이다. 누구를 위해 존재하는 해바라기센터인지 되묻는다.

해바라기센터의 운영 자체는 전반적으로 원활하게 이뤄지지 않아 여기저기서 문제가 불거진다. 센터는 해당 지역 병원,

경찰, 법률 자문으로 구성되어 운영되는데, 병원장이 센터장을 맡는다.

병원이 운영의 법적 책임을 지는데, 따로 혜택이 없어 고질적인 경제난에 시달린다고 한다. 더불어 인력난에 병원 측에서 공간을 제공하기까지 해 지속하기 어려운 구조라고 입을 모은다.

말은 365일 원스톱 지원 서비스이지만, 방문해도 맞아주는 사람조차 없다니 유명무실이 따로 없고 현재 문을 닫는 해바라기센터들이 속출하고 있다.

특정 정치진영에서 활발하게 활동해온 사람이 중립을 지켜야 하는 기관에서 큰 역할을 한다. 혹여 그가 활동하던 반대진영에서 피해자를 상담한다면 그 과정이 공정하게 진행되리라고 볼 수 있을까? 양 진영의 처지를 바꿔놓고 보아도 그렇게 생각할 수 있지 않겠는가.

"구체적인 피해 사실이 있나요?"

"손등을 만진 적이 있어요."

"그때 기분이 어땠어요? 불편했죠? 당연히 불편하죠. 분명 불편했어요. 그렇죠?"

어떤 상황에서 어떻게 접촉이 있었는지 묻기보다 그때 기분이나 감정으로 몰아갈 가능성도 배제하지 못한다. 평소 인간관계에서 다른 이들과 차이가 없는데도 침소봉대 수법으로 질주하는 것이다.

신고자에게는 압박감을 주며 문제를 키워 스스로 피해자라고 생각하도록 유도한다. 경찰들도 본인들 수사에 허점이 있거나 증거가 없더라도 해바라기센터에서 상담했던 진술을 가지고 그냥 밀어붙이면 실적이 될 수 있다. 수사상 필요한 대질 신문은 당연히 생략된다.

하지만 그런 방식에 정치권의 누군가 문제 인식을 한다고 해도 이를 지적하는 순간 2차 가해자가 되어버리니 선뜻 나서기란 언감생심이다.

해바라기센터는 여성단체들과도 밀접하게 관련돼 있다. 만일 현 정치인이 자기 이름을 걸고 해바라기센터를 포함한 여성단체에 조금의 문제라도 제기한다면 여성단체들은 '이때다' 하고 다 들고 일어날 것이며 언론이 합세해 그 정치인의 정치생명에 큰 타격을 줄 것이 자명하다.

성폭력 피해자들을 위한 기관의 필요성을 부정하자는 주장이 아니란 점을 명백히 밝히고 싶다. 그저 역할을 제대로 하고 있는지 묻자는 것이다. 해바라기센터 역시 마찬가지다. 주무

부처가 여가부이고 페미니즘에 휘둘리고 있다 보니 공정하다고 할 수는 없다.

여가부는 해바라기센터와 관련해 공정한 평등, 양성평등의 잣대로 판단돼야 한다. 양성평등을 이룰 공정한 프로세스가 필요하고, 이를 토대로 피해자 상담이 진행돼야 한다.

여가부 내 여성주의자들이 곳곳에 포진해서인지 성범죄 대책 마련이 아니라 '남자가 그랬어? 그럼 여자들이 피해자야!'라는 식으로 진행되는 것은 아니냔 말이다.

이들이 제시하는 해결책이란 피해자 중심주의, 2차 가해, 성 인지 감수성이다. 이 세 가지를 중심으로 성범죄를 바라보면 딱히 증거가 없어도 남자들이라면 범죄자로 낙인찍힐 상황이 올 수 있다.

해바라기센터 상담가는 여성주의 상담가로부터 페미니즘을 기반으로 한 교육을 받는다. 만일 내가 찝찝한 일을 겪고 상담이나 받아봐야겠다고 해바라기센터를 찾는다고 치자. 만약 상담가가 나의 불안한 심리 상태를 이용해 "그거 피해야!", "그거 범죄야!"라는 식으로 몰아간다면 과연 내가 균형 잡힌 생각을 할 수 있을까? 한쪽으로 치우쳐 몰아가는 것이 진정한 성범죄 해결이라고 할 수 있겠는가.

필요악이 되어버린 해바라기센터, 정말 답이 없는 걸까?

손가락만 보는
사람들

지록위마指鹿爲馬, 사슴 보고 말이라고 하는 고사성어로 재미있는 일화가 있다.

진시황은 중국 천하를 통일한 왕이지만 얼마 후 죽고 말았다. 진시황의 환관인 조고라는 이가 임종을 지켰는데, 맏아들 부소를 후사로 삼았다. 조고는 계략으로 부소를 죽이고 자기가 통제하기 쉬운 둘째 아들 호해를 황제로 세웠다.

조고는 호해를 이용해 정적들을 죽이고 승상의 자리에 올랐다. 자신의 권력을 공고히 하고, 정적들을 가려내기 위해 술책을 썼다. 어느 날 사슴 한 마리를 어전에 놓고 호해에게 말이라고 했다.

"승상이 잘못 봤소. 왜 사슴을 가리켜 말이라[指鹿爲馬] 하오?"

호해가 그렇게 말해도 조고는 말이라고 우겼다. 그리고 그곳에 있는 신하들에게 물었다. 조고가 두려운 신하들은 말이라고 했고, 끝까지 사슴이라고 했던 이들은 죽임을 당했다. 호해도 죽임을 피할 수는 없었다. 결국 진나라는 멸망의 길로 들어선다.

윗사람을 농락해 권세를 자기 마음대로 휘두르는 일뿐만 아니라 사실이 아닌 것을 사실로 만들어 강압적으로 인정하게 하는 것도 '지록위마'에 해당한다. '2차 가해'가 딱 그렇다.

"나는 절대 그러지 않았습니다." 진실을 밝히려는 이들에게 또 다른 틀이 씌워지는데, 바로 2차 가해다. 내가 하지 않았다고 하는 것도 2차 가해라고 하니 2차 가해의 틀에 갇히면 아무것도 할 수 없다.

비단 무고를 당한 당사자만이 아니다. 제3자라도 사건에 명확한 정보가 없고, 근거가 약할 때 궁금해해도 2차 가해요, 의문을 제기해도 2차 가해가 된다. 그뿐일까? 수사기관에서도 뭔가 조사를 심층 있게 해보려 해도 2차 가해 프레임에 저격당할까 봐 소극적인 대응으로 일관하지 않겠는가.

피의자가 형사소송 과정에서 방어적 권리를 행사하는 것까지도 2차 가해로 규정짓는 것은 일방적인 처사가 아닐 수 없다. 도대체 누구를 위한 2차 가해라 하는지 모르겠다. 피해자를 위한 보호 장치는 당연하지만, 2차 가해 차단만이 온전한 보호 장치라고 할 수는 없다.

피해자 보호는 물론 혹시나 모를 또 다른 무고 피해자를 보호하는 것도 법의 형평성이 아닐까. 무죄추정의 원칙에 예외란 있을 수 없다.

성범죄, 성 비위 등 '성性'과 관련되면 누구든 주홍글씨가 새겨진다. 물론 범죄가 명명백백하다면 그 낙인의 무게를 견디며 살아야 하지만, 무고한 사람마저 그 무게를 지게 해서는 안 된다. 생 자체가 무너지는 참상이 빚어지는 까닭이다. 성 문제가 그만큼 민감한 사안인지라 이를 악용하려는 사람들이 생겨난다.

사실과 진실에서 벗어나도 어떤 말에 대해 반복해서 듣다 보면 진실이라고 믿게 된다. 심리학에서는 이를 '진실의 환상 효과 illusory truth effect'라고 한다. 계속 반복해서 듣다 보면 터무니없는 소리도 그럴듯하게 들린다는 것이다. 이런 심리는 마케팅에서 자주 이용되기도 하지만 성폭력 상담이나 2차 가해 낙인 문제도 똑같이 설명된다.

달을 보라고 손가락을 들었더니 달은 보지 않고 손가락만 본다. 곳곳에 외면당한 달이 망연자실한다. 본질은 외면하고 일부분이나 수단에만 집착하겠다는 악의가 문제의 본질이다. 손가락만 보게 하는 이들이 있다는 엄혹한 현실에서 특히 성 문제는 정치가 연관될 때 달을 찾기란 요원해진다. 성범죄는 처벌받아야 마땅하나 이를 이용하려는 사람들이 진흙탕을 만든다. 아무리 존경받던 정치인이라도 성 문제에 얽히면 대중들 뇌리에 부정적인 이미지가 심어진다는 점을 무기로 삼는 것이다.

아무리 급해도 자기 당의 정치인에게 부정적인 프레임을 씌우려는 것은 문제가 있다고 본다. 급하게 먹은 밥은 체하기 마련이다. 급할수록 돌아가라는 말은 정치인일수록 되새겨봐야 한다고 생각한다.

2022년 지방 선거에서 국민의힘보다는 민주당에서 여유가 없었을 것이다. 대선에서 패배하고, 당 안팎을 추스르기도 전에 지방 선거가 기다리고 있었으니 갈 길이 바빴을 터다. 그럴수록 쇄신하고 떠나버린 유권자 마음을 잡으려는 노력이 필요했다고 본다. 물론 당 내부 결속도 다져야 했을 것이다.

그런데 대선 패배 후 구성된 민주당의 비상대책위원회(이하, 비대위)는 비상 상황에 대한 인식이 잘못된 것인지 헛발질을 많이 했다. 그중 한 가지가 가짜 미투 사건이다.

지방 선거를 맞아 민주당 내 경선을 앞두고 있던 3월, 당시 전남 목포시장 예비후보였던 박홍률 예비후보는 한 여성에게 성추행 혐의로 고소를 당했다. 3년 전 노래방에서 신체 접촉을 했다는 이유였다. 박 예비후보는 사실무근이라며 무고를 주장했다.

그런데 그가 성추행 혐의로 고소당한 사실이 삽시간에 퍼져나갔다. 곧바로 하루 수십 개의 기사가 쏟아져 나왔는데 급기야 서울까지 소식이 빠른 속도로 전해질 정도였다. 물론 목포가 아주 작은 도시는 아니지만, 그 정도로 기사가 쏟아져 나올 사안은 아니었다. 마치 누군가 박 예비후보를 음해하려는 목적으로 의도한 것이 아닌가 하는 의심이 들 만했다.

박 예비후보는 무고·명예 훼손 등으로 맞고소하겠다는 기자회견을 열었다. 그런데 민주당 비대위는 사실 여부도 조사하지 않은 채 소명의 기회도 주지 않고 그의 기자회견을 2차 가해라 치부하며 10여 일 만에 제명 처분을 내렸다.

민주당 비대위는 왜 각종 여론조사 기관에서 발표한 목포시장 후보 적합도 1위에 오른 박홍률 예비후보를 빛의 속도로 제명 처분했을까? 성 문제엔 무관용으로 강력하게 처벌하겠다는 의지였을까? 그렇더라도 민주당이라면 2차 가해로 몰아붙

일 게 아니라 기본적인 조사라도 하고, 소명의 기회라도 줘야 하지 않았을까? 여러 질문이 둥둥 떠다녔다.

민주당 예비후보로 경선도 거치지 못한 박 예비후보는 무소속으로 출마했다. 제명의 명분이었던 성폭력 혐의가 약 한 달 반 만에 '혐의없음'으로 나와 사건은 종결됐다. 고소가 없었고, 제명이 없었다면 무난하게 당선이 되었을 테지만, 마치 짜인 일처럼 진행되는 것으로 보아 가짜 미투로 그를 끌어내리려는 정치 공작을 의심할 만했고, 박 후보는 정치 공작임을 밝혔다.

성폭력 혐의로 고소했지만, 박 후보의 지지도는 떨어지지 않았다. 그 와중에 그를 고소한 여성의 음독 소식이 있었다. 의사는 생명에 지장이 없다고 했는데, 민주당 후보였던 김종식 후보 쪽에서는 의식이 없다는 식으로 발표하면서 그 책임이 박 후보 쪽에 있는 것처럼 기사를 내고 웹 문자메시지를 대량으로 보냈다.

성추행 고소 사건에 전남경찰청에서 혐의없음으로 종결되었는데도 고소한 여성의 인터뷰를 실은 기사를 다시 내기도 했다. 결국 김 후보 측에서 가짜 미투를 조장했음을 알 수 있는 녹취록을 내놓았다. 인터넷 매체 기자 등과 공모해서 벌인 일임을 의심할 만한 내용이었다.

민주당 중앙에서 굵직한 정치인들이 현직 목포시장이었던 김종식 후보의 지지를 위해 지원 유세를 펼쳤지만, 목포시 유권자들은 박홍률 후보를 지지했다. 결국 가짜 미투로 자칫 정치생명이 끊길 수도 있었던 그는 목포 시민들의 전폭적인 지지로 새 시장이 됐다.

정말 민주당에서 벌어진 일이라고 믿기지 않을 일이다. 누구보다 성 비위 등의 문제로 공격을 받아 곤란했던 민주당이 아니었던가. 이런 식의 대처라면 해바라기센터의 방식과 다를 게 뭐란 말인가. 당내 잘못된 일을 바로 세우려 하지 않는데 등을 돌리는 국민을 무슨 수로 돌려세워 놓을 수 있겠나.

가짜 미투와 관련해 여성단체들의 반응과 대처는 어땠을까. 4월 초 광주전남 여성단체연합은 성명서 하나를 발표했다. 박 예비후보를 가해자로 규정하고 그와 지지자에 의한 온라인상 심각한 2차 가해가 확산하고 있다는 우려였다.

5월 27일, 여성단체들은 박홍률 목포시장 후보와 지지자들을 향해 성폭력 피해자의 명예 훼손과 모욕, 괴롭힘을 당장 중단하라고 강력하게 촉구했다. 성추행 피해 여성이 극단적인 선택을 시도한 것을 두고 SNS에서는 피해 여성을 자극하고 조롱하는 댓글 등으로 심각한 2차 가해가 자행되고 있다고 주장

했다. 경찰 수사에서 성추행 고소가 무혐의 처분을 받은 뒤였지만 재수사도 요구했다.

여성단체가 나서서 피해자 여성의 인권을 보호하고 2차 가해가 발생하지 않도록 나설 수 있다고 본다. 그러기에 성 관련 문제는 더더욱 형평성을 잃지 말아야 한다. 자칫 잘못하면 특정 성을 본인 목표에 맞게 이용한다는 인상을 줄 수 있고, 그 순간 피해자에겐 더 큰 상처를 안길 수 있기 때문이다.

목포가 지역구인 김원이 국회의원 전 보좌관의 동료 보좌진 성폭행 사건이 1월 말에 알려졌다. 그땐 여성단체가 침묵했다. 그러고 나서 4개월여 후에 국회의원 보좌진에 의한 성폭행 피해자의 2차 가해 의혹이 불거졌다. 처음 성폭행 사건이 알려질 때 여성단체가 급하게 소집되지 않아 침묵했다고 긍정적으로 해석한다면 2차 가해 보도가 있었을 때라도 박홍률 목포시장에게 했던 것처럼 성명서도 발표하고 진상규명과 처벌을 요구했어야 일관적이다. 그런데 여성단체는 모르쇠로 일관적이었다.

앞서 언급했던 해바라기센터나 정치권에서 2차 가해의 프레임에 가두는 행위는 대중들에게 달이 아니라 손가락만 바라보게 하는 처사와 전혀 다르지 않다. 2차 가해는 피해자를 보호하기 위한 장치인데 2차 가해를 이용해 원하는 목적을 달성하려는 의도를 가진 이들이 많다는 증거들이 넘친다.

진실을 호도하려는 쪽에서야 '아니면 말고' 식이더라도 당하는 쪽에서는 삶 전체가 파탄 날 수 있다는 점에서 '2차 가해'가 또 다른 악이 되고 있음을 민감하게 지켜보지 않을 수 없다.

손대면
성희롱

앞뒤를 잘 헤아리지 않고 어떤 일을 하는 것을 '무모'하다고 말한다. 어떤 결과가 나올지 뻔히 알면서도 어처구니없는 행동을 할 때도, 아무 생각 없이 맹목적으로 뛰어들거나 따라 할 때도 우리는 무모하다고 한다.

특히 무모함의 절정은 자신에게도 남에게도 피해를 주는 어리석음으로 나아갈 때다. 물론 때로는 무모함이 필요할 상황이 있다. 이것저것 너무 재다가 아무것도 하지 못할 때 무모하게라도 나서서 부딪쳐보는 열정이 요구되기도 한다. 젊음은 무모한 열정과 도전이 필요하다고도 한다.

하지만 그런 때라도 무모함에 대한 책임이 먼저다. 아직도 성 문제를 가지고 공격하면 백전백승이라 여기는 정치인들이 있다. 이 구태의연한 생각은 젠더 의식이 그 정도밖에 안 된다는 말이다.

올 4월 국회에서 일어난 한 장면을 보고 놀란 경험을 이야기해보려고 한다. 민주당이 낸 법안 중 하나인 검찰청법 개정안이 국회 본회의에서 통과되자 국민의힘 배현진 의원이 의사진행 발언을 위해 단상에 올랐다.

박병석 국회의장이 국민의힘 의원들의 면담을 거절했다며 단상에 올라 통상적으로 국회의장에게 하는 인사도 생략했다. 항의 표시라고 했다. 항의 표시라니 그럴 수 있다고 치자. 한데 곧이어 나오는 발언이 문제였다.

"당신의 그 앙증맞은 몸을 저희 국민의힘 의원 위로 밟고 지나가기 위해서 구둣발로 저희 여성들을 걷어차며 용맹하게 이 국회의장석으로 올라오셨습니다."

발언을 하며 박 의장에게 손을 뻗어 항의했는데, 마치 삿대질처럼 보였다. 본인은 '다섯 손가락을 참하게 모았다'라고 했는데, 인사도 일부러 하지 않은 사람에게 참함을 찾을 수 있을지는 모르겠다.

논란이 된 문제는 발언 속 표현이었다. 국회의장의 신체를 빗대어 '앙증맞은 몸'이라고 했다. 입장 바꿔 박병석 국회의장이 배현진 의원에게 같은 표현을 썼다면 국민의힘 의원들은 물론 언론까지 합세해 성희롱이라며 몰아갔을 것이 뻔했다.

성희롱 가해자는 남자에게만 해당하는 것은 아니니 배 의원 역시 국회의장을 성희롱한 것이 아닌가. 특히 국민의힘 의원들은 더더욱 아니라고 반박하지 못할 것이다. 비슷한 사안에 칼 같이 반응한 전적이 있기 때문이다.

3년 전, 2019년 당시 선거제 개편안 및 공수처 설치법안 등에 대해 패스트트랙 의결을 하루 앞둔 상태에서 국민의힘 전신인 자유한국당(이하 한국당) 의원들이 그 권한을 발휘하게 될 문희상 국회의장을 항의 방문했다.

국회의장실로 가기 전 농성 중인 한국당 의원들 사이에서는 문 의장의 길을 막기 위해서 여성 의원들이 나서야 한다는 외침이 있었다. 어떤 일이 발생할지 미리 계획하고 국회의장실을 찾은 것이었다. 문 의장이 한국당 의원들을 뚫고 나가려 할 때 한국당 임이자 의원은 "손대면 성희롱!"이라며 막아섰다.

"이것도 성희롱이냐?"

문 의장은 약 1초가량 임 의원의 얼굴에 손을 대고 물었다. 문 의장으로서는 무척 황당하고 기막힌 나머지 나온 제스처였을 것이다.

"미혼인 동료 의원을 성추행했다!"

한국당 의원들은 기다렸다는 듯이 문 의장의 성추행을 주장했다. 그러고는 바로 국회 정론관에서 한국당 여성 의원들, 여성 당직자, 여성 보좌진들이 백장미를 들고 문희상 의장의 성추행 규탄 기자회견을 열었다. 마치 미리 짜기라도 한 것처럼 성추행 규탄 현수막이 신속하게 걸렸다. 그렇게라도 해서 문 의장의 패스트트랙을 저지하려고 했을 것이다. 일단 성추행 프레임을 씌워놓으면 자신들이 승기를 가져오리라 여겼을 것이다. 하지만 이 성희롱 코스프레는 오히려 자충수가 되어 돌아왔다.

38개 여성단체가 '성추행을 정쟁의 도구로 삼아 여성을 당리당략의 소모품으로 일삼는 자유한국당에 일조하는 여성위원회를 규탄한다'라며 연대성명서를 내어 성추행 프레임으로 만드는 추악한 행태를 멈추라고 비판한 것이다. 또 '여자의원 들어가라고 해'라고 부추겼던 동료 의원들의 계략에서 비롯되었다는 점이 간과되어서는 안 된다고 했다.

문 의장과 임 의원의 신체적 접촉은 불가피할 수밖에 없었지만, 문 의장의 행동이 모욕감과 불쾌감을 줄 수 있다는 비판도 곁들었다. 마지막으로 미투 운동의 상징인 하얀 장미를 사용해 집단행동을 한 점에 대해 미투 운동의 정신과 취지를 심각하게 훼손했다고 지적했다. 무엇보다 가장 큰 문제라면 여성을 정략적 도구로 삼는 정치를 한다는 점이었다.

그도 그럴 것이 한국당의 이채익 의원은 "키 작은 사람은 항상 그 어떤 자기 나름대로 그 트라우마가 조금 열등감이 있다고요"라고 했고, "결혼도 포기하면서 오늘 이곳까지 온, 어떻게 보면 올드미스입니다", "못난 임이자 의원 같은 사람은 그렇게 모멸감을 주고, 조롱해도 된다는 말입니까"라고 했다. 키 작은, 열등감, 결혼 포기, 올드미스, 못난…. 이 모두가 임 의원을 두둔하려고 한 말이겠지만, 그것이 그의 젠더 의식을 대변하는 것은 아니었을까 하는 생각도 든다.

국회의원은 입법부이며 국민의 대표 기관인 국회의 구성원이다. 그런데 여성이라는 점을 이용해 국회의장의 성추행 프레임 씌우기에 동원하려 했던 당시 자유한국당은 자신들이 무엇을 놓치고 있는지도 몰랐다. 그런 반성이 없었으니 3년이 지나 국회 본회의장에서 당당하게 국회의장을 향해 성희롱을 저지른 게 아니겠나.

이성적으로 생각하기보다 행동이 먼저 앞서는 사람을 두고 조금은 속된 말로 '무식하면 용감하다'라고 한다. 실속이 없는데 겉으로만 화려하게 내세우는 사람을 두고 '빈 수레가 요란하다'라는 말을 하기도 한다. 간혹 잘 모르면서 이를 들키지 않으려고 더욱 허세를 부리는 사람을 보기도 한다. 누구나 한 번쯤 그런 경험이 있을지도 모른다. 다른 사람들 앞에서 내 존재가 형편없다고 여겨지길 바라는 사람은 없을 테니 말이다. 그래서 때로는 알면서도 억지를 부리며 자기 의견을 고집할 때도 있게 마련이다.

공자孔子는 어떻게 해야 정치를 잘하는지 제자들에게 많은 교훈을 남겼다. 그래서 <논어論語> '위정爲政' 편에는 '덕으로 정치를 하는 것은 마치 북극성이 제 자리에 있고 여러 별이 그것을 향하여 도는 것과 같다.爲政以德 譬如北辰 居其所而衆星共之.'는 말이 실려 있다. 당시만 해도 북극성은 고정된 별이라 여겼다. 아무튼 공자는 정치를 하는 사람이라면 덕이 있어야 한다고 말하고 싶었던 것이다.

공자의 덕이란 도道이기도 하다. 공자는 '위정' 편에서 '법제法制로 이끌고 형벌刑罰로 다스리면 국민은 형벌은 모면하나 수치심이 없게 되고, 덕德으로 이끌고 예禮로 다스리면 수치심을 갖게 되고 또 올바르게 된다.'라고 했다.

장사를 하는 사람에게도 상도가 있는데, 하물며 정치를 하는 사람들에게 도가 없어서 되겠는가. 많은 국민이 지켜보는 국회에서 국회의장에게 삿대질하고 대놓고 성희롱을 하면 되겠는가 말이다. 정치인이 먼저 모범이 되어야 국민이 따라오는 법이다.

국회로 보내놨더니 만날 지지고 볶고 싸우는 모습을 보인다면 국민으로서는 정치를 좋게 인식하기 난망하다. 누가 잘하고 못했건 여야 모두에게 좋지 않다. 해가 갈수록 발전하는 모습을 보여도 하세월인데, 체통 없이 사회적으로 부정적인 인식으로 자리한 성희롱으로 동료 정치인을 음해하려는 행태는 꼴불견일 뿐이다.

여가부 폐지,
자업자득

20대 대선 과정에서 국민의힘 후보로 나온 윤석열 후보가 여성가족부 폐지를 공약으로 내걸었던 적이 있다. 그러면서 '여성가족부' 존폐가 뜨거운 이슈로 떠올랐었는데 윤석열 정부가 들어서면서 실제로 여가부 폐지가 추진되기도 했다.

2001년에 여성부로 신설되어 여성가족부로 개편된 지 10년 조금 넘어 문을 닫느니 마느니 하는 사면초가에 놓인 것이었다.

이 이슈는 일단락되긴 했지만, 여전히 폐지를 놓고 찬반 논쟁이 이어지고 있다. 특히 '여가부 폐지'만 보고 윤석열 후보에게 표를 던졌던 일부 이대남들은 여가부 폐지가 빠르게 진행되지 않는 걸 보고 공약 파기라며 크게 실망하고 분노를 표하기도 한다. 아마 여가부가 현상 유지하든 폐지되든 뒷말이 무성하지 않을까 싶다.

여성가족부가 여성 관련된 업무만 담당하는 부처는 아니기에 쉽사리 존폐를 결정지을 수는 없을 것이다. 하지만 그 모든 걸 떠나서 상황이 이렇게까지 온 데는 여성가족부 자체의 젠더 의식에 큰 문제가 있었던 탓이라고 본다. 그간 여가부가 벌인 사업들이 한쪽으로만 편중됐기에 여가부의 존재 기반이 흔들린 것이다.

여성의 권리증진이라는 문제의식에서 여성부로 출발했으나, 여성가족부로 확장되어가면서도 여성에 한정된 사업에만 치중했다. 이를테면 2030 대상으로 페미니즘을 홍보한다든가 여성 연예인을 내세워 데이트 폭력 방지 캠페인을 벌이고, 폭력에 대응하는 폭력 예방 교육 등을 들 수 있다.

교육이나 홍보 내용을 보면 극단적인 언어가 등장한다. 마치 여성이면 언제든지 데이트 폭력에 시달릴 수 있는 것처럼 생각하게 한다. '그렇다면 남성은 잠재적 가해자인가?'라는 의문을 품게 된다. 이는 또 하나의 성별 갈등을 조장하는 결과를 낳는다. 물론 연인들 사이에서 폭력이 발생하면 불행하겠지만, 사랑싸움이 데이트 폭력이 되고, 나중에는 교제 살인이 된다는 식의 극단적인 표현은 지양해야 하지 않을까.

　페미니스트를 자처했던 문재인 대통령, 문재인 정부에서 가장 잘못된 성과(?)를 꼽자면 '소수자이자 약자인 여성을 위해 남성 혐오는 정당하다.'라는 부류의 급진적 페미니즘에서 나온 성평등 정책의 수용이었다고 본다.

　민주당 역시 진보 진영의 파이를 키우겠다는 일념으로 오래전부터 페미니즘 세력을 무분별하게 받아들이는 똑같은 실수를 했다. 이는 남녀 간 다툼을 폭력으로 키웠고, 국가 행정과 관련된 정책마저도 페미니즘 진영의 논리라면 제대로 검토하지 않고 무비판적으로 수용하는 실책으로 이어졌다.

　그렇다고 해서 페미니즘 진영이 문 정부와 민주 진영에 든든한 아군이 되어주었는가 하면 그것도 아니었다. 페미니즘 진영은 진보 진영에 성 비위가 발생하면 보수 진영의 성 비위보다 훨씬 더 가혹한 잣대로 비판했다. 심지어 일방적 주장만 있어 사실관계 확인이 필요한 상황에도 그저 의혹에 휩싸였다는 이유만으로 성범죄자로 몰아갔다.

　페미니스트 대통령의 정부로서 여성 중심 정책을 펼친다고 해놓고 그 정부 인사가 되레 여성을 상대로 한 성 비위에 휘말리는 일이 문제라는 것이었다. 믿고 지지해준 만큼 실망도 크다는 것인데, 상황이 이렇게 흘러가니 문 정부와 민주당은 페미니즘 진영 앞에 그저 고개를 숙일 수밖에 없었다.

그렇게 큰 우려에도 페미니스트 진영과 무분별하게 연대해온 대가는 혹독히 치러야 했다. 이러한 페미 진영의 비판에는 언론도 합세하며 더불어민주당은 한때 '더불어 만진당'이라는 치욕스러운 별명까지 얻기도 했다.

2018년에는 혜화역 시위에 정부 고위층과 여성가족부 장관이 직접 방문해 독려하는 등의 웃지 못할 촌극도 있었다. 한쪽 목소리에만 무게를 실어주는 잘못된 젠더 정책의 확산으로 결국 남녀 모두 불만이 쌓였고, 그 사이를 가르는 결과를 가져왔다. 서로가 혐오 속에 불신만 키우게 된 것이다.

그렇게 젠더 갈등이 불거지며 저격 대상이 된 여가부는 성평등의 가치를 국민에게 계속해서 홍보했다고 주장한다. 남성 중심 사회, 남성 우월주의 나라로 몇백 년을 살아왔으니 페미니즘에 기반을 둔 성평등 가치를 주장하는 게 일부는 설득력이 없다고 보지는 않는다. 하지만 전반적인 면에서 균형을 잡지 못하고 있는 것도 사실이다.

2020년 총선을 마치고 '2020 페미니스트 국회를 말하다'라는 제목으로 여가부가 토론회를 주최한 적이 있다. 주로 여성단체를 중심으로 개최한 토론회였다. 물론 총선 후 여성 정치에 대한 토론회를 열 수 있다고 보지만, 양성평등의 기치를 내세우면서 여성토론회만 열었다는 것에서부터 모순적이다. 남성 목소리도 함께 들어보는 토론회는 어디에도 없는데 여가부에서는 왜 여성들의 목소리에만 귀 기울이는가. '페미니스트 국회'라는 말을 해괴한 단어를 당당히 사용하면서 말이다. 만약 '반페미니스트 국회' 토론회가 열렸다면 이를 정상으로 받아들일 수 있었겠나 묻고 싶다.

여성이 낸 세금이 아닌 모든 국민이 낸 세금으로 운영되는 국가 부처에서 한쪽 담론만을 이야기하는 토론회를 지원한다는 건 어불성설이다. 만일 어떤 부처에서 주체사상 단체를 지원하며 '주체주의자 국회를 말하다' 같은 토론회를 지원한다면? 친일 단체를 지원하며 '식민사관 국회를 말하다'라는 토론회를 지원한다면? 당연히 국민으로부터 손가락질받을 게 자명하지 않은가.

균형을 잃은 행태들이 반복되며 결국 여가부 내 페미니즘 관료가 득세하고, 여성단체들의 정치 권력화라는 비판이 나와도 할 말이 없게 되었다.

여가부가 지금까지 다양한 일을 해왔다는 사실을 외면하자는 게 아니다. 하지만 갈수록 래디컬 페미니즘으로 경도되고, 오직 한국 여성만의 이익을 수호하는 듯이 변질한 페미니즘으로는, 그리고 그러한 페미니즘을 기반으로 움직이는 여성가족부로는 화합과 통합의 의미를 더는 찾을 수 없지 않은가. 이런 자중지란의 상황인데도 여가부가 자신들이 왜 폐지 요구를 받는지 여전히 모르고 있다는 게 더 큰 문제일지도 모른다.

이번 정부의 공약대로 여가부가 역사 속으로 사라질지는 확실치 않다. 윤석열 대통령이나 국민의힘 이준석 대표는 여가부 폐지만 외쳤지, 이후 대책은 빠져있었기 때문이다. 실제로 여가부 업무는 여성에만 국한하지 않는다. 그동안 여가부는 여성 관련 정책뿐만이 아니라 가족 돌봄, 청소년 보호, 저출산 대책, 다문화 가족 등 다양한 정책을 추진하고 관리해왔는데 이 업무들이 분담되지 않은 채로 폐지가 강행되면 행정에도 큰 공백이 생긴다.

여가부 폐지 하나만으로 20대 남성들의 지지를 끌어낸 분노의 방아쇠를 포착해야 한다. 여가부의 어리석었던 행태가 반페미니즘을 주장하는 이들에게 이용하기 좋은 건수를 제공한 건 아닌지 성찰할 때다.

옛날 송나라에 술을 파는 사람이 있었다. 그는 술 빚는 재주가 뛰어나고 손님들에게도 친절했다. 언제나 양을 속이지 않

여가부 내 페미니즘 관료가 독세하고,
여성단체들의 정치 권력화라는 비판이 나와도
할 말이 없게 되었다.

고 정직하게 팔았다. 그래서 처음에는 장사가 잘되었다. 그런데 어느 날부터 다른 집의 술은 잘 팔리는데 그의 술은 팔리지 않았다. 늘 하던 방식으로 술을 빚고 양도 변함없이 했는데 술을 사러 온 사람들의 발길이 뚝 끊겼다. 이유를 찾을 수 없어 마을 어른을 찾았다.

"자네 집에 있는 개가 사나운가?"

술이 왜 팔리지 않는지 물었는데 어른은 느닷없이 집에서 키우는 개가 사나운지를 물었다. 그런데 집의 개가 사납기는 했다. 그게 술이 팔리지 않는 것과 무슨 상관일까?

"내가 자네 집에 술을 사러 갔을 때 개가 사납게 굴어서 들어갈 수가 없었네. 만일 다른 집에서 아이를 시켜 술을 받아 오라고 했는데, 자네 집의 개가 아이를 물었다면 어떻게 되었 겠는가?"

술집의 사나운 개 탓에 술집을 찾는 이가 점점 줄어든다. 그러면 아무리 좋은 술도 사가는 이가 없으니 시큼해질 수밖에 없지 않겠는가.

개가 사나우면 술이 시어진다는 이 말에서 여가부는 무엇이 문제였는지 눈치채야 한다. 변질한 페미니즘 일색에 여성단체와의 유착, 여가부에서 힘을 키워 보다 많은 곳으로 진출하려는 관료들의 문제는 뼈아픈 실책으로 지적된다.

어쩌면 해바라기센터도 여가부의 본질적인 문제를 그대로 안고 있는지 모른다. 재야에서 자기 역할을 했던 여성단체들이 여가부와 밀착되면서 해바라기센터의 시스템도 문제가 생긴 것이 아닌가 싶다. 노하우가 하나로 뭉쳐지면 기대효과가 커야 하는데, 공정한 일 처리가 되지 않으니 누군가는 가려지고 누군가는 억울한 상황에 몰리는 게 아닐까.

페미니즘과
꼰대

"당신은 페미니스트입니까?"

"아니요!"

진보 진영에서 목소리를 높이는 여성이라고 해서 무턱대고 페미니스트라고 하면 곤란하다. 페미니즘에도 다양한 시각차가 존재한다. 현재 대한민국의 주류 페미니즘은 급진적 페미니즘에 속하는 래디컬 페미니즘으로 보는 의견이 지배적이다.

우리 사회의 페미니스트들을 보고 있으면 어떻게 '꼰대'로 발전했는지 이해할 것 같다. 한때는 페미니즘, 혹은 여성운동이 사회에 긍정적인 측면도 있었다. 애초에 페미니즘은 여성우월주의가 아닌 성평등을 위한 운동이었으니까. 성평등 운동은 사회에 다양한 긍정적인 변화를 불러왔다. 1920년대 페미니즘의 초창기에는 여성들의 정치 참여를 위한 참정권 획득을 위해 선배 여성들이 거리로 나와 싸웠고, 여성에 대한 사회적 차별에서 벗어나려는 움직임도 있었다. 그 결과 여성의 권리가 신장한 것도 사실이다.

여성으로 살아가는 나 역시 그런 사회운동의 혜택을 본 당사자다. 단, 이제는 여성만이 아닌 모두가 함께 만드는 양성평등의 길로 가야 할 때다. 페미니스트들이 들으면 '무슨 꿈같은 소리냐'라고 비난할지 모르겠지만, 다른 사회운동과 마찬가지로 여성운동도 변화하는 시대에 맞춰 옷을 갈아입어야 한다. 지금 여성운동을 보고 있노라면 되레 퇴보하고 있다는 느낌이 드는 건 비단 나만의 느낌일까?

나는 현재 우리 사회를 지배하는 페미니즘이 권위주의에 빠져 일명 '꼰대'가 되어버린 페미니즘이라고 진단한다. 이른바 '꼰대 페미니즘' 이런 페미는 더는 공감하기 어려워 내게도 일종의 혐오를 불러일으킨다.

우리 사회에서 여전히 여성이라는 이유만으로 차별받고 여성의 권리가 더 신장해야 할 부문이 많다는 점에는 동의한다. 다만, 그것이 더는 여성에만 국한된 문제는 아니라고 본다. 남성이어서 받는 차별, 나이가 많아서 받는 차별, 결혼해서 받는 차별 등 온갖 차별이 곳곳에 도사리고 있어 그러한 차별을 없애려는 다각도의 노력이 필요하지, 굳이 여성 인권만을 더 크게 이슈 삼을 이유가 있나 싶은 것이다.

자기주장만 옳다고 생각하며 내로남불의 행태를 일삼을 뿐만 아니라, 순수한 여권 신장이 목적이 아닌 권력을 잡기 위한 수단으로 페미니즘을 악용하는 자들이 바이러스처럼 퍼졌다. 여가부는 물론 해바라기센터에서도 보았고, 정치적 입장에 따라 행동을 달리하는 여성단체들을 통해서도 확인할 수 있었다.

한 보수 커뮤니티에서는 나를 두고 '끔찍한 혼종'이라고 표현했단다. 진보 진영을 지지하는 것으로 알려진 내가 반페미니즘 기조를 보인다는 것이 그 이유다. 언급했듯이 진보성향이라도 젠더 이슈에 다른 판단을 내릴 수 있는데, 무턱대고 반페미로 몰리는 건 억울한 면이 있다. 페미는 진보요, 반페미는 보수라는 이분법은 논할 가치도 없다. 우리 사회가 젠더 이슈를 얼마나 정치적으로 이용하는지 확신을 굳히는 논리일 뿐이다.

아이러니하게도 페미가 반페미를 만들었다. 우리나라 페미니즘의 현장은 서로 벽을 치고 살자는 펜스 룰이 더욱 강화된 상태이다. 여성들은 남성들을 이해하기보다 벽을 치고 방어하는 자세를 취한다. 마치 여성의 적은 남성이라고 여기는 것처럼 호도됐고, 여성혐오에 맞서 남성 혐오로의 대응은 전쟁을 치르는 모양새가 되어 버렸다.

그들의 행동을 보면 서로 배척하고 혐오하는 것이 의무가 되어버린 것 같다는 생각을 지우기 어렵다. 남초 사이트로 알려진 일베, 펨코 등에서는 차마 입에 담지 못할 성적인 표현으로 여자들을 비난했다. 그러자 일부 여초 사이트에서도 남초의 언행을 미러링하며 마치 그것이 본인들이 당해온 부당한 차별에 대한 정당한 반박인 것처럼 행동했다. 페미들은 심지어 성별이 다르다는 이유로 자기 부모까지 혐오의 언어로 무시하고 희롱했다.

혐오에 혐오로 맞서는 것이 진정한 평등이라고 생각하는 걸까. 처음엔 남성들로부터 부당하게 받는 차별이 억울해서, 일베 같은 남성들에게서 피해를 막고자 여성들이 단합했다. 이제 그들은 본인들이 가장 싫어하는 집단의 행동을 그대로 모방한다. 이러면 래디컬 페미니스트들도 일베와 하등 다를 게 없다.

'빠'가 '까'를 만든다는 말이 있다. 작용이 있으면 반작용이 있다는 말인데, 페미니스트들의 활동이 활발해진 만큼 그에 반동하는 20대 남자(이대남)가 급증한 것이다. 팬이 안티로 돌아서는 것처럼 여성이지만 현재 페미들의 행태에 등을 돌린 이들 또한 수를 헤아리기 어렵다.

서로에 대한 이해 없이 한쪽만의 주장을 내세운다면 답이 없다. 대안 없이 이 양상으로 계속 간다면 갈등은 격화할 수밖에 없다. 사회는 다양화하는데 남녀 관계는 다양성을 인정하지 못하겠다는 듯 이런 사람이 있으면 저런 사람도 있다고 여기고 존중하는 이해와 배려도 찾아보기 어렵다. 젠더가 담론이 될수록 서로 혐오를 자극하며 이를 자양분으로 성장한 정치인들이 득세하는 세상이 되어버린 결과는 누가 책임질 것인가?

매미가 나뭇가지에서 울고 있을 때 뒤에서 사마귀가 매미를 잡아먹으려고 노리고 있다. 그런데 그 사마귀 뒤에는 참새가 사마귀를 노린다. 과연 참새는 안전할까? 참새를 사냥하려는 사람이 있다. 모두 눈앞의 이익에만 연연해 뒤를 보지 못함을 알려주는 고사에 요즘 현실이 투영돼 있다.

래디컬 페미들이 남성 혐오에 집중되어 있을 때 그 대상이 되는 일부 20대 남성들을 등에 업고 사회정의인 양 외쳐대는 정치인들만 이긴 싸움이다. 대한민국 거대정당의 대통령 후보가 당당하게 여가부 폐지를 들고나올 명분을 바로 페미들이 제공한 셈이다.

래디컬 페미니즘이 마치 전체 페미니즘을 대변하는 것처럼 인식되어 전체 페미니즘 운동에 나쁜 인식을 드리우게 했다. 이 과정에서 페미니즘이라면 덮어놓고 지지했던 진보 진영과 언론들도 젠더 갈등을 증폭하며 남녀를 가르는 데 한몫했다.

세력화하고 꼰대화에 성공(?)한 래디컬 페미니즘의 성과는 무엇일까? 그들이 등장한 후 사회 전체에서 여권은 정말로 신장했나? 외려 여성에 대한 혐오만 키우지는 않았는가?

여성운동의 스펙트럼은 다양한데 한데 뭉쳐 성범죄 문제에만 치중하고 있으니 이런 물음표가 따라붙는 것이다. 남성을 잠재적 가해자로 규정짓고 남성 혐오에만 촉을 세우다 보니 정작 해를 입고 있는 여성들을 놓치는 것이다.

여전히 우리 사회에서는 보호받아야 할 여성들이 있다. 유리천장이라는 불합리한 구조로 능력에 따른 가치를 인정받지 못하고, 취업·결혼·임신·육아·경력단절 등으로 암묵적인 차별에 노출돼 있다. 그런데 이런 상황을 해결해나가려는 여성들의 노력조차 래디컬 페미니즘으로 도매금으로 몰리고 있다.

남녀는 생물학적 차이가 있을 뿐이다. 그 차이는 다름으로 받아들여야지 차별의 대상으로 규정지을 문제가 아니다. 남녀를 아군과 적군으로 나누는 사회는 자연계에 존재하지 않는다. 함께 연대하여 해결해야 할 일이 많은데 대립된 것처럼 상

황이 조장되다 보니 엉뚱하게 서로에게 칼을 겨누고 있지 않으냐는 말이다.

　물론 역사적으로 여성들은 오랜 기간 사회적인 차별을 받아왔고, 과거를 살아온 여성들이 그런 상황에서 어려움을 겪었던 점, 아직도 그렇게 여성이라는 이유로 사람다운 대접을 받지 못하는 여성들이 존재한다는 엄혹한 현실은 간과할 수 없다. 남성들 역시 가부장적이고 남성중심적인 사회에서 살아오다 변화된 시대에 적응해야 하고 여전히 남성이라는 무게감에 짓눌리고 있다는 점을 이해해줘야 한다. 서로 이해하고 이해받아야 한다.

　초심으로 돌아가지는 못하더라도 페미니스트들은 실수를 인정하고 지금까지 페미니스트를 자처하며 누리던 기득권을 내려놔야 할 때다.

'탈코' 하지 않을 권리

요즘엔 한물간 개념이지만 2~3년 전까지만 해도 여성들이 화장하고 치장하는 것을 남성 중심 사회가 주는 억압으로 인식하며 성적 대상화를 거부하는 '탈코르셋(이하 탈코)' 운동이 있었다. 우리나라에서 일어난 페미니즘 운동이다.

우리나라에서 탈코가 왜 시도되었는지는 충분히 이해할 수 있다. 오랫동안 "여자라면 이래야지!"라며 외모에서부터 행동 방식까지 여성들을 압박해왔으니 말이다. 하지만 이제는 여성성과 남성성을 굳이 나누지 않아도 될 정도로 사회가 변모하는 중이다. 남성의 영역이라고 여겨진 부문에 여성들이 진입하기도 하고, 남자들도 외모를 가꾸는 시대이다 보니 아름다움이 반드시 여성의 전유물이라고 할 수도 없게 되었다.

그런데도 여전히 탈코는 강력한 아젠다. 페미니스트들이 말하는 탈코란 머리를 짧게 자르고, 화장하지 않는 등 여성에게 예쁘다는 평가 자체가 여성에게 코르셋을 조이는 폭력이라고 여겨 이로부터 벗어나자는 외침이다. 비단 외모의 변화뿐만 아니라 목소리도 여성성이 드러나는 식으로 내지 않고, 행동 방식도 마찬가지다. 이쯤이면 아예 남자가 되자는 거다. 여성을 억압했던 남성의 폭력에서 벗어나는 것이 남성과 닮아지는 것이라면 아이러니가 아닌가.

더 큰 문제는 탈코를 원하는 사람뿐만 아니라 다른 여성들에게 강요하며 확산하려 한다는 점이다. 여자에게 여성다움을 강요하지 말라고 외치면서 그들 역시 다른 여성들을 압박한다. 그 기준에서 탈코하지 않는 여성, 즉 여성스럽게 꾸미고 다니는 여성들에게 사회가 규정해놓은 여성의 모습에 맞추는 불쌍한 사람이라고 여기는 탈코주의자들도 있다.

"너희는 우리가 화장하지 않아도 되고 여자처럼 하지 않아도 되는 사회를 만들어놓았는데, 왜 그렇게 화장하고 짧은 치마를 입으며 예뻐 보이는 온갖 것들을 하면서 다녀?"

누군가가 나의 여성성을 강요하는 것도 옳지 않지만, 여성성을 버려야 한다고 강요하는 것 역시 옳지 않다. 하고 싶은 대로 하면 될 것을 굳이 사회 문제로 끌어낼 이유는 없다. 그들 인식대로 예쁘게 꾸미고 다니면 여성이라는 틀에 자신을 가두는 나쁜 사람이 되어버린다.

사람은 각각 다른 욕망을 지닌다. 이 욕망에 옳고 그름은 없다. 한데 탈코를 주장하는 페미들은 탈코하는 욕망은 인정하고, 탈코하지 않을 욕망은 악으로 취급해버린다. 그것이 페미 전체를 지배했다. 탈코하지 않는 여성을 두고 여성 인권을 지키지 못하게 하는 암 덩어리로 몰아세우기까지 했다.

자기중심이 없는 사람은 세상에 휩쓸리기 쉽다. 시류에, 유행에, 분위기에, 감정에 휩쓸린다. 시나브로 자기 존재감도 약해지고, 삶의 원칙도 희미해진다. 세상에 휩쓸리지 않고 자기 중심을 지키고 자기 길을 가는 것. 사람마다 각자 방식이 있으니 시행착오를 겪더라도 스스로 길을 찾아가야 하지 않을까.

최인훈의 소설 《광장》은 획일화하려는 두 집단에 대해 거부하는 이명준이라는 인물을 그린다. 해방 직후에서 한국전쟁 이후를 배경으로 남북한의 이념 대립과 그 사이에서 파멸해가는 한 인간의 모습을 묘사한다. 남한은 '밀실'로 은유되는데, 개인의 욕망을 충족할 수 있는 곳이고, '광장'은 개인의 자유를 제한하는 집단주의를 위한 공간이다. 밀실은 정신적으로 황폐

된 곳이라면 광장은 숨 막히는 공포가 있는 곳이다. 밀실과 광장 사이에서 방황하던 이명준은 결국 중립국을 선택한다. 하지만 중립국으로 가는 배 위에서 바다로 몸을 던진다.

분단의 시대를 살고 있기에 우리는 어쩌면 둘 중 하나를 선택해야 하는 강박을 지니고 있는지도 모른다. 세상은 이명준이 살던 시대에서 훌쩍 뛰어넘어 다양성이 더 존중받는 사회로 변해 가는데, 여전히 이것 아니면 저것 하는 식의 이분법적 사고에서 벗어나지 못하는 걸까. 꼭 집단으로 획일화되어야 해방이고 혁명인가?

여성이 여성적인 행동을 하지 않는다고, 남성이 될 리 만무하다. 머리를 짧게 하고, 화장하지 않는다고 해서 남성과 동등해질 수도 없다. 이렇게 성의 개념을 초월해서 남녀의 성평등을 이루자는 말인가?

그래서 머리만 짧게 잘라도 '페미'로 오해받고, 화장하지 않아도 '페미'로 오해받고, 건강상의 이유로 옷을 헐렁하게 입거나 노브래지어인 경우에도 '페미'로 오해받는 여성들이 생겨나기도 했다. 왜 자신의 의지와 무관하게 탈코로 오해받아야 하는가 말이다.

탈코 하자는 주장과 강요를 넘어 신체적 어필을 직업으로 하는 여성, 즉 레이싱모델이나 라운드 걸 등에게 여성 억압 동조자라며 비난하기도 했다. 레이싱모델로 활약하며 자아실현으로 여기며 행복해하고 미인대회에 나가서 인정받았다는 자기 만족감으로 카타르시스를 느끼는 이들도 있다.

"저런 곳에 나가서 남자들한테 심사받아서 좋냐?" 하는 식으로 비난하는 페미들이 있다. 이런 인식 탓에 여성들의 사회 진출이 되레 차단되기도 한다. 무조건 외모로 평가받는 게 아니라 본인의 존재감을 드러내고 자신의 꿈에 가까워지고 있다고 여기는 이들이다. 레이싱모델로서 몸을 드러내고 싶은 욕망도 있을 것인데, 이를 성 상품화라 하고 성적 대상화로 규정지어 버린다. 무슨 권리로 욕망을 가진 이들의 권리를 파괴하는가?

나에게는 탈코를 거부할 권리가 있다. 다른 여성들도 탈코를 지지하지 않는다면 거부할 권리가 있다. 개인의 욕망과 권리를 같은 여성이라는 이유로 억압하고 통제하려 한다면 그들은 페미니스트보다 파시스트로 불리게 될지도 모른다.

조지 오웰의 소설 《1984》에서처럼 국가가 국민이 움직임이 포착되는 모든 곳에 감시 카메라를 설치하고 모든 통신을 도청하며 일상생활을 감시하고 통제한다면 어떤 기분일까? 국가뿐만 아니라 누군가 그러면 진저리가 날 것이다. 나도 싫은 것을 남에게 강요해서는 안 된다.

누군가가 나의 여성성을 강요하는 것도 옳지 않지만,
여성성을 버려야 한다고 강요하는 것 역시 옳지 않다.

리얼돌과
페미니즘

앞에 가는 수레가 엎어진 것을 보고 뒤를 따르는 수레가 경계를 삼는다는 말이 있다. 다른 이의 잘못된 행동을 보면서 같은 잘못을 저지르지 말라는 교훈으로 통용된다.

페미니스트들은 자신들이 그토록 경계했던 가부장적인 억압과 통제의 모습을 자신들이 닮아가고 있다.

페미들은 '탈코'의 연장선으로 여성들이 과도하게 몸을 드러내기만 해도 성 상품화라 규정한다. 모든 여성이 자신에게 부여된 여성성을 부인하진 않는다. 정도의 차이가 있을 뿐, 개인에 따라 여성성을 부각하기도 감추기도 한다. 한편으로 자신의 여성성에 만족해서 성 상품화와 관계없이 자기 의지대로 몸을 드러내는 이들도 많다. 저마다 의지와 욕망, 혹은 자유에 대해 성 상품화라는 명목으로 간섭하려 드는 건 일종의 폭력이다.

성 상품화라는 이슈 중 하나인 리얼돌 논란도 탈코의 연장선에 있다. 전체적인 모양과 촉감까지 사람의 모습과 비슷하게 만들어진 인형을 리얼돌이라고 하는데, 성인용품으로 분류된다. 대법원에서 리얼돌 수입을 허가하라는 판결이 나자 페미들은 리얼돌 판매금지 처분을 내려달라고 주장했다. 특히 성인의 모습이 아니거나 키 160 이하는 아이에 대한 성적 판타지를 채워주는 롤리타 증후군을 부추긴다는 이유다. 또 남성들이 여성의 신체를 재현한 리얼돌로 성욕을 해소하는 데 그치지 않고 성범죄를 증가시킬 수 있다는 우려가 있다며 판매금지를 요구했다. 한데 대법원은 그 주장과는 반대로 수입을 허락하는 판결을 내렸다. 왜일까? 아래는 대법원 판결문 일부다.

성 기구는 매우 사적인 공간에서 이용되는데 이런 은밀한 영역에서의 개인적 활동에는 국가가 되도록 간섭하지 않는 것이 인간의 존엄과 자유를 실현하는 길이 된다

대법원은 개인적 활동을 국가가 간섭할 수 없다고 했다. 양심의 자유가 보장되어야 민주주의가 아닌가. 물론 미성년 리얼돌은 수입을 금지할 수 있다고 했다. 대법원의 판결은 최선이었다고 본다.

　　나는 되는데, 너는 안 된다는 인식이 늘 문제를 불러온다. 페미들이 리얼돌 판매금지를 외친다면 여성들의 성인용품인 딜도 역시 판매 금지해야 맞다. 딜도 역시 남성 성기를 연상시키니 상호 모순이 아닌가. 참고로 성기만을 묘사한 딜도와 오나홀의 수입에 관해서는 완전히 결론이 나지 않은 상태다. 둘 다 모두 음란물로 규정돼 금지됐던 판례와 음란물이 아니라고 허용됐던 판례가 공존한다. 관세청과 대법원의 해석차가 있다. 대법원의 판결 내용은 리얼돌의 내용과 다르지 않다.

　　성 문제에 폐쇄적인 사회일수록 풍선효과와 음지에서 양산되는 부작용이 큰 법이다. 차라리 허용하고 드러내놓을 때 건강한 성 문화가 자리 잡을 수 있다고 믿는다.

　　얼마나 사람에 신뢰가 없으면 내 생각이 옳으니 이것만 받아들여 달라는 편협한 주장을 할 수 있나? 자기 철학만 있으면 알아서 결정할 일이다. 하물며 리얼돌로 성범죄가 늘어날 거라는 가정은 가정일 뿐, 논의는 계속되고 검증된 바는 없다.

　　언젠가 외국에서 라운드 걸을 하다가 일자리를 잃은 여성의 말이 생각난다.

"페미들은 나를 지지하지 않았다. 오히려 나와 같은 일을 하는 사람들을 싸잡아서 왜 그런 일을 하느냐고 비난하고 질책했다. 개개인의 욕망보다 너무나 집단주의적인 저런 일을 하는 것 자체가 여권을 추락시키는 일이다."

라운드 걸이든 미인대회에 참가하는 여성들이든 자기 의지와 필요로 직업으로 삼거나 참여할 뿐이다. 여권을 지킨다는 목적으로 먹고사는 일을 멈추게 할 권리는 없다. 그런 직업군의 여성들을 페미의 도구로 만들어 여성들의 피해를 먹고 자란 여권 신장이 무슨 의미가 있을까.

아직도 유리 천정이라는 희망 고문과 차별에 노출된 여성들에게 일자리 마련 대책 없이 본인들의 실적용으로 세력을 확장하는 페미들. 오히려 그들이 피해당하는 여성들의 억울함을 이용해 자라나고 있음을 인지했으면 좋겠다. 여권 신장도 중요하지만 그렇게 살아가는 여성들의 생존에 대안을 마련하려는 노력이나 하고 나서 비난을 해도 하는 게 순서이다.

잔잔하게
오래도록
따뜻하게

나는 연애를 하면 처음부터 불같이 빠지는 스타일이 아니다. 설혹 좋아하는 마음이 생겨도 일부러 감정을 드러내거나 키우지 않고 천천히 다가간다. 그래서인지 연애관도 그리 특별하지 않다. 이런 날 보며 정말 사랑하는 사람을 못 만난 거 아니냐고 얘기하는 친구도 있지만, 그건 아닌 것 같다. 나는 그저 친구든 사랑하는 사람이든 사람과 관계를 맺는 일이라면 천천히 마음을 주고 대신 쉽게 마음을 거두지 않는 성향인 것이다.

일이 없을 땐 집에 있기를 좋아하는 편이라 데이트도 그 범위에서 벗어나지 않는다. 같이 집에 있으면서 요리해 먹고 TV만 봐도 그냥 좋은 사람이면 족하다. 심장이 크게 뛰지 않아도 함께하며 편안한 공기가 흐른다면 가장 이상적이다. 그런 사람을 만난다면 결혼을 하고 싶다는 생각이 들 것 같다. 혹여 떨어져 있어도 항상 닿아 있는 듯 따뜻한 느낌을 주는 사람, 감정 기복이 크지 않아 정서적으로 편안함을 주는 사람이라면 더 좋을 것 같다.

사람이라면 성장 과정에 만났던 사람, 특히 부모님 영향을 많이 받으며 자기 성향을 형성한다. 연애나 결혼의 경우는 더더욱 그렇지 않나 싶다. 우리 부모님은 평범한 부부이다. 아빠는 조용하고 무뚝뚝한 편이고, 엄마는 살갑고 사람을 좋아한다. 두 분이 서로 다른 편이지만 집안 공기는 따뜻하다. 가끔 SNS에 사이좋은 부모님 모습을 올리는 친구들이 있는데 나는 외려 부모님이 지나치게 사이좋은 모습이 이상하다.

우리 부모님의 경우 서로 같은 공간에 있어도 서로 간섭하지 않고, 각자의 독립된 시간을 존중해 주다가도 함께 얘기할 때는 오래 사귄 친구 같다. 난 이런 부모님 모습이 가장 이상적인 부부관계라 여기며 성장했고, 그러다 보니 내 연애관 역시 오래된 친구처럼 편안한 사람과 특별하지 않아도 편안한 연애를 지향하게 된 것이다.

"남자친구(혹은 여자친구)와 정치 성향이 다른데 어떻게 극복해야 하나?"

방송하면서 많이 받는 질문 중 하나이다. 신기하게도 난 연애할 때 보수 정당을 지지하는 친구들을 더 많이 만났다. 의도하지도 않았는데 어린 시절부터 만나 오래도록 관계를 유지해오는 친구들도 보수성향의 친구들이 훨씬 많다.

보통 서로 정치와 종교가 다르면 자주 싸우게 된다고 하는데 난 보수성향의 친구라 할지라도 말썽이 생겨 본 적이 거의 없다. 정치 이야기도 종종 했지만 서로 다양한 이야기를 나눌 수 있어 오히려 더 좋을 때도 있었다. 서로 다른 부분을 인지하고 인정했기에 가능했다고 기억한다.

"너는 이렇게 생각해? 나는 이렇게 생각해." 다름이 만남의 흥미를 더해준 것 같다. 이는 아마도 정치 성향에 앞서 서로에 대한 믿음이 깔려 있었기 때문이었을 것이다. 상대가 팥으로 메주를 쑨다고 해도 귀엽고 예뻐 보일 정도로 마음이 맞는다면 정치든 종교든 중요한 요소는 아니다.

정말 맞지 않았던 친구가 딱 한 명 있긴 했다. 극우성향이었지만, 스스로 중도라며 우기던 친구다. 아마 스스로 그렇게 믿고 싶었던 게 아닐까 싶은데 정작 그게 문제였다. 생각이 편향적이면서도 사사건건 본인이 심판자를 자처했다. "너는 진보

지지자라서 그렇게 생각하는 거야!"라는 식으로 내 모든 얘기를 걸고넘어졌다. 심지어 본인 생각이 나와 비슷해도 어떻게든 내 주장의 문제를 찾아내려고 했다. 처음엔 혼란 그 자체였다.

'난 그동안 보수 진영을 지지하는 친구들과도 아무 문제 없이 정치 이야길 나눠왔는데, 애는 중도라면서 대체 왜 이럴까?'

그럴 때마다 참을 인을 백번 넘게 썼다. 정치인이나 정치적 사안들이 내가 사랑하는 사람보다 중요한 것도 아니니 이런 논쟁에서 서로 이겨봤자 뭐하겠냐며 넘어가곤 했다.

그러다 나중에 그 친구 대학 동기들과 술자리에서 어울리며 이 친구가 중도가 아닌 극우성향을 가진 사람이라는 걸 알았다. 심지어 일반적 보수 성향도 아니었다. 진보 진영 인사를 향해서는 밑도 끝도 없이 빨갱이, 북한에서 온 간첩이라는 식으로 얘길 하고, 보수 진영은 절대 선善이며 진보 진영은 절대 악惡이라고 믿는 수준이었다. 차라리 애초에 자기 성향이 그렇다고 얘길 했으면 싸울 일이 없었을 텐데 약간의 배신감이 밀려왔다.

극우성향임을 안 뒤부터는 그 친구와 더는 정치 문제로 다투지 않았다. 그 성향의 밑바탕에 깔린 정보들이 하나둘 업데이트되면서 그 친구가 하는 주장의 배경을 이해하게 되었고,

정치적 사안을 향한 둘의 생각이 절대 같을 수 없음을 알았기 때문이다. 더욱이 이 친구는 보수와 진보의 관계를 '다름'이 아닌 '틀림'으로 생각하고 있다는 특수성(?)도 있었기에 내 생각의 다름을 이 친구에게 펼칠 필요가 없었다.

당시 상황을 떠올려보면 그 친구와 맞지 않았던 게 정치 성향뿐만은 아니었던 것 같다. 하나부터 열까지 사사건건 문제가 있었다. 누가 누구보다 나은 인간이었다는 얘기가 아니라 결 자체가 달랐다. 나는 마이웨이 성향이 강한 데다가 남의 눈치를 보지 않는 편이기에 남이 어떻게 날 생각하든 별로 신경 쓰지 않는다. 굳이 상대에게 잘 보이려 꾸미거나 바꾸지 않으며 상대가 나와 영 다른 생각을 해도 그러려니 한다. 상대가 내게 자기 기준을 강요하거나 간섭하는 것을 끔찍이 싫어하는 면도 있다.

하지만 그 친구는 남들 시선을 많이 신경 쓰며, 타인이 자신이 원하는 모습대로 봐주길 원했다. 또한 어떤 사안에 자기 생각이 옳다고 생각하면 상대방 생각까지 바꾸려 들었다. 그걸 '계몽'이라고 표현하며 말이다. 스스로 끝까지 정치적으로 중도 성향이라고 얘기했던 것도 본인의 정치적 주장에 설득력을 더하기 위해서였다.

이렇게 하나부터 열까지 자기 기준에 맞추려 하고 내 생각까지 좌지우지하려는 사람과는 정치적 성향이 짜 맞춘 듯 똑같아도 어쨌든 오랜 기간 관계를 이어가지 못했을 것이다. 결국 정치적 성향보다는 인간적 성향이 우선 맞아야 한다는 걸 경험에서 배웠다.

사랑하는 사이든 우정을 기반으로 한 사이든 정치 성향이 맞지 않아 관계 유지가 힘들다 느낀다면 비단 그 문제만은 아닐 것이다. 내가 진보성향인데 극우성향의 상대가 매우 좋다면, 함께 태극기부대 집회를 나가면서까지도 맞춰주고 싶은 것이 우정이자 사랑의 마음 아닐까.

난 정치적 사안에 따라서 진보와 보수에 대한 지지를 달리하는 스펙트럼도 있기에 나와 100% 사회 문제를 바라보는 성향이 같은 사람을 만나기란 현실적으로 불가능에 가깝다 - 내가 하는 방송이 진보성향 방송들이 많아서 '무지성 진보 지지자'로 생각하는 시청자들이 많지만 실제로는 그렇지 않다 - 그렇기에 '내 생각이 무조건 옳으니 복종해'라는 태도만 아니라면 어떤 정치 성향이든 큰 장점이나 단점이 아니다. 남녀가 서로 사랑해서 만났다면 비슷한 점이 최대한 많으면 금상첨화겠지만, 사랑하는 마음만 있다면 다른 지점이 있다 해서 큰 문제가 되지는 않는다. 성장 환경이 백이면 백 다 다르니 같을 걸

기대하는 게 더 어리석을 수 있다. 효리 세이 '그O이 그O이고, 그O이 그O이다'

연애든 결혼이든 최악이라고 생각한 사람을 정의해 보라면 '자의식 과잉형'이라고 얘기하고 싶다. 젊꼰(젊은 꼰대)이라고도 표현되는 부류인데, 스스로 굉장히 현명한 줄 알고 본인이 남들보다 뛰어나다 믿는다. 그런 사람은 다른 생각을 결코 인정하지 못하고 "내 말이 다 맞아."라며 자기중심으로 사고하며 상대방에게 "너는 이게 잘못됐어"라며 몰지각한 인간으로 몰아붙인다.

자기 모습을 그대로 인정하면 서로를 이해하고 배려하며 더 다양하게 대화를 나눌 수 있을 텐데, 끝까지 본인의 진짜 모습을 인정하지 않고 고집을 부리는 사람들은 어떤 관계로든 함께하기 어렵다.

실제로 우리 부모님은 정치 성향이 정반대이다. 하지만 부모님이 정치 문제로 싸우는 것을 한 번도 보지 못했다. 종교 역시 엄마는 독실한 기독교 신자이고 아빠는 나와 비슷한 나이롱(?) 교인인데 그 문제로 다투는 일 역시 없다. 서로 다름을 인정하고 상대에게 내가 원하는 모습을 강요하지 않기에 가능한 것이 아닐까.

"너는 너, 나는 나!" 연인으로 지내든 부부로 살든 서로 생각을 존중하는 게 핵심이다. 우린 서로를 사랑하지만, 상대가 나에게 모든 걸 맞춰줄 수 없다는 것도 알아야 한다. 적당한 틈이 서로의 관계를 건강하게 만들어준다는 걸 부모님을 통해서도 배웠다. 그렇게 서로의 생각과 시간을 존중하는 관계를 유지하는 사람이라는 확신이 든다면 고민 없이 결혼할 수 있을 것 같다.

결혼을 먼저 한 친구들은, 매일 같이 붙어 있으면 오히려 둘 사이를 느슨하게 만든다는 얘길 하기도 한다. 익숙함에 속아 소중함을 잃게 된다는 걸 강조하려는 걸까. 하지만 난 오랜 관계를 지속하는 힘이 감정이 아니라 신뢰에서 온다고 믿기에, 서로에 대한 탄탄한 신뢰를 쌓은 후 결혼한다면 그 관계의 소중함도 잔잔하게 오래도록 지속할 수 있지 않을까 생각한다.

부모 자식 관계도 마찬가지이다. 성장해서 나만의 일을 갖게 된 후 부모님은 이래라저래라하지 않았다. 탐탁지 않은 면도 보았을 테고, 왜 저러나 싶을 때가 한두 번이었을까. 학창 시절 내내 공부해 온 작곡을 말도 없이 그만두고 인문대학으로 전공을 바꿔, 방송 일을 하겠다고 하더니 성향이 뚜렷한 정치 방송에서까지 활동하다 불미스러운 일에 휘말려 언론의 먹잇감이 되기도 하고….

부모님으로서는 그럴 때마다 뜯어말리고 싶었을 것이다.

만약 나중에 내 자식이 나처럼 살겠다면 머리 밀어서 방에 가둘 거라는 얘길 친구들에게 농담 반 진담 반으로 한 적도 있다. 하지만 우리 부모님은 내 선택과 순간을 믿고 묵묵히 지지해주셨다. 이런 부모님 영향으로 내가 다른 사람의 눈치를 보지 않고 남에게 의지하지 않는 성격이 형성될 수 있었던 것 같다.

주변에서는 내 모습을 두고 '차갑다.' 혹은 '정이 없다.'라고들 얘길 한다. 나도 인정하는 일면이다. 그래서인지 친구가 많지 않고, 이른바 발도 그리 넓지 않다. 친하게 지내는 친구들도 먼저 다가가 친해진 경우가 아니다. 친구들이 먼저 만나자고 해주고 모임에 불러주며 지속해서 관계를 유지하다 시간이 쌓여 친해졌다. 그렇게 날 간택(?)해 준 친구들에게 진심으로 고맙다. 그들이 아니었다면 나는 정말 외톨이였을 테니 말이다.

난 MBTI로 따지면 극 I 성향으로 '혼자'를 즐긴다. 주말엔 집 밖으로 한 발도 나가지 않고 누워서 음악을 듣거나 넷플릭스를 보며 스트레스를 푼다. E 성향의 친구들은 사람들을 만나면서 활력을 얻는다던데, 나는 사람을 만나려면 집에서 사회성 배터리를 충전하는 시간이 꼭 필요하다.

오은영 박사는 집에 오면 누워서 아무것도 안 하는 (나 같은) 금쪽이를 두고 "밖에서 활동하는 것 자체를 하나의 전쟁으

연애든 결혼이든 자막이라고
생각한 사람을 정의해 보라면
'자막식 과일형'이라고 얘기하고 싶다.

로 느끼는 아이"라고 했는데, 손뼉을 치며 격하게 공감했다. 타인을 대하는 것 자체가 아무리 좋고 편한 관계여도 결국에는 어마어마한 에너지를 소모하는 활동이기에 혼자 있는 시간과 균형을 맞추는 것이 내겐 필수다. 이런 성향은 타인과 갈등 상황이 생기면 더 극대화하는데, 갈등이 점화될 조짐이 보이면 보통은 그냥 내가 손해를 보더라도 최대한 빠르게 상황을 끝내는 것에 집중한다. 해서 상대에게 거절을 표하거나 상대가 싫어할 만한 이야기도 잘 꺼내지 않는다. 조금만 참으면 모두가 편할 수 있는데, 내일이면 기억도 나지 않을 찰나의 감정 때문에 소모적 논쟁을 할 의미를 찾지 못한다.

정치나 종교 쪽보다는 나와 같은 성향의 사람을 만나고 싶은 이유가 여기에 있다. 사사건건 따지고 논쟁하고 이기는 걸 중요시하는 사람보다 함께 있는 시간의 편안함을 무엇보다 중요하게 여기는 사람. 나를 본인의 입맛에 맞게 바꾸려는 사람보다는 서로 다름을 인정하고 내 본모습을 오롯이 사랑해주는 사람, 밖으로 나가 특별하고 요란하게 시간을 보내기보다는 집에서 소소하고 잔잔한 것들을 나누며 따뜻함을 느낄 수 있는 사람이라면 평생을 함께하고 싶다는 생각이 들 것 같다. 꼭 그런 사람을 만나고 싶다.

1,000개의
페미니즘

한국 사회에서 여성이라면 유리한 조건에서 살아온 것만
은 아닐 것이다. 여자로 살아가기 위해 나름대로 부침을 겪었
을 테고, 때론 자신만의 피해의식도 있었을 것이다.

30대인 나만 해도 또래 친구들에게서 성장 과정을 들으면
여자라는 이유로 부당한 대접을 받은 경험을 토로하는 친구들
이 제법 있다. 아빠는 오빠에게 용돈을 더 많이 주고, 할머니
는 언제나 남동생 편을 든다는 둥.

나는 운 좋게도 태어날 때부터 남녀 차별을 느낄 환경이
아니었다. 아들만 많고 딸이 귀한 집안이라 어른들께서 딸이
태어나기를 간절히 바랐는데 마침 내가 나온 것이다. 큰아빠는

내가 태어나기 전에 엄마에게 우스갯소리로 "딸이 태어나면 연락하고 아들이 태어나면 연락하지 마세요."라고 농을 할 정도였다. 그렇게 나는 딸이라는 이유로 예쁨을 잔뜩 받으며 자랄 수 있었다.

대학에서도 페미니즘 개념을 한쪽에 치우치지 않게 정립할 수 있도록 훌륭한 선생님을 만났다. 페미니즘에 대한 필수 교양 강의에서였는데, 이를 기반으로 페미니즘에 관련한 생각이 자리 잡게 된 것은 지금 생각해도 크나큰 행운이다. 강의의 요지는 기억에서 강렬하다.

"페미니즘은 여성우월주의가 아니라 양성평등이며 계속해서 변화한다. 무조건적이고 고정된 관념이 아니라 사회의 변화에 따라 그 주장을 바꿔야 하며 개인이 처한 상황에 따라서도 바뀌어야 한다. 1920년대처럼 여성들에게 참정권이 없던 시대에는 여성들이 나가서 여성우월주의 논리로 주창을 해도 아무런 문제가 없었다. 그러나 사회가 변화하면서 어느 정도 평등한 상태가 되었는데도 1920년대 페미니즘을 외친다면 그것은 페미니즘을 퇴보시키는 일이다. 페미니즘은 생물이다. 1,000 사람이 있다면 1,000개의 페미니즘이 있다."

분명 남녀 차별이 심하던 시절이 있었다. 우리 윗세대만 해도 여자들은 상상을 초월한 차별을 받으며 자랐다. 우리 엄마 이야기만 들어봐도 과연 그랬을까 싶을 정도다. 엄마가 어릴 때 가족이 목욕하기 위해 물을 덥히면 그 물에 외할아버지가 가장 먼저 씻고 그다음으로 큰삼촌과 작은삼촌이 씻고 마지막으로 이모와 엄마와 외할머니가 씻었다고 한다. 그렇게 엄마가 차례가 되면 목욕물도 다 식고 때도 둥둥 떠다니는 상태였다는 것이다.

물론 지금도 남성보다 여성들이 곳곳에서 차별을 받는다는 사실을 부인하기 어렵다. 난 여대를 나와서 잘 모르지만, 대학에서 취업을 염두에 두고 남학생은 나중에 가장으로서 역할을 해야 하니 학점을 더 높게 주는 교수도 있다는 소리를 들었다.

실제 많은 회사에서도 결혼에 관한 차별적인 기준으로 직원을 뽑는다. 기혼 남성은 책임감이 있다고 뽑지만, 기혼여성은 색안경을 끼고 완전 반대로 해석한다. 곧 아이 낳고 육아를 하겠다며 회사를 떠날 거로 여기고 같이 일하길 꺼리는 경우다. 같은 조건이면 오히려 미혼여성을 선호한다. 그러니 기혼여성의 경력단절이 사회 문제로 떠오른 것이다.

물론 고용주 처지에선 달리 보일 수 있다. 아이에게 문제가 생기면 배려를 해줘야 하지만 리스크 없이 회사에 집중할 인원이 있다면 고민 하나를 더는 셈이다. '굳이 경단녀를 만들지 않겠다는 의지로 배려까지 해가며 써야 하나'라고 생각할 것이다. 국가 정책이 가닿을 지점이 바로 이런 곳이다.

점진적인 노력 덕분인지 요즘에는 여성들의 경력단절 문제를 해결하고자 남자들도 육아휴직을 하지 않나. 긍정적인 진보가 일어나려면 남녀 간 혐오가 아닌 소통과 공감이 필요조건인 것이다.

사회가 페미니즘에 관심을 가지는데 일조한 소설로 《82년생 김지영》이 있다. 당시에 그 소설을 극찬하는 것이 마치 개념 찬 일처럼 여겨졌지만, 사실 난 그렇게 좋은 책이라고 생각하지 않았다. 여성들이 겪는 최악의 에피소드를 지나치게 극단적으로 모아놓지 않았느냐는 문제의식이 있었다.

작가는 실제 신문 기사에 나오는 통계를 들어 기혼여성이 얼마나 차별을 받는지 강조했다. 소설의 극적 효과를 위해서였 겠지만, 차별에 대한 주제를 다룬다면 더 신중했어야 하지 않았을까 싶다. 여성이라 겪는 부당함만 과도하게 부각하면 자칫 '여자라서'라는 피해의식을 키우는 빌미를 제공할 수 있기 때문이다.

자전거를 타고 달려가던 여성이 돌부리에 걸려 넘어진다. 그 여성은 바닥에 누워 고통스러워하며 "여자라서 당했다"라고 중얼거린다.

한때 인터넷에서 돌던 페미니즘을 희화화한 네 컷 만화 내용이다. 이렇게 조롱의 대상이 되는 페미니즘도 결국에는 과도한 피해의식을 가진 페미니즘이 만들어낸 결과물이다. 내가 피해자라는 생각이 깊어지면 열등감이 생기고 본인을 절망하게 만든 대상을 찾게 마련이다. 문제는 그다음이다. 원흉이 된 대상을 향해 밑도 끝도 없는 분노를 표출한다. 그러면서 나와 같은 피해의식을 가진 동지를 찾고 페미니즘과 만난다. 그렇게 편향된 페미니즘에 빠지면 남성 혐오로 발전한다.

페미의 영향을 받으면 실제로 오프라인에서 집단행동으로 나타난다. 2016년 강남역 시위와 2018년 혜화역 시위는 페미와 여성들의 적극적인 행동력의 상징이다. 최근 이재명을 지키겠다는 개딸들 역시 여성들의 집단행동으로 정당을 지지했다. 민주당에서도 그들은 무시 못 할 존재가 됐다.

여성 행동은 하나의 정치 문화로서 가치를 담보하지만, 그런 여성들의 기저에 남성 혐오가 생성되어 있다는 점이 문제로 꼽힌다. 많은 여성이 충분히 긍정적인 방향으로 뻗어나갈 수 있었는데도 극단적인 페미의 모습으로 대표되어 버린 점이 한

계였다. 다른 생각을 배제하면 긍정적인 의도도 색이 바랜다.

'새는 좌우의 날개로 난다'라는 고 리영희 선생이 쓴 책 제목을 좋아한다. 우리 사회에서 균형 감각이야말로 절실한 과제라고 생각하기 때문이다. 정치든 페미니즘이든 혹은 그 무엇이든 한쪽으로 과도하게 치우는 것은 좋지 않다. 새가 좌우의 날개로 나는 것처럼 인간은 남성과 여성이 함께 균형을 이루어야 한다. 한쪽 날개가 크거나 무거우면 새는 제대로 날갯짓을 할 수 없어 버티지 못하고 추락한다. 여성이 차별받던 시대가 건강한 사회라고 할 수 없듯이 여성은 남성 혐오로, 남성은 여성혐오로 치닫는다면 사회는 건강을 잃어버릴 것이다.

남녀가 서로 총질하는 상황에서 '중용'이란 덕목을 꺼냈으면 좋겠다. 중간 정도, 특정 수치로 표현하는 중용이 아니라 중심과 균형을 잡는 마음이라고 해석하고 싶다. 욕구, 다시 말해 갖고 싶다거나 하고 싶은 것 등이 넘치지 않도록 절제하고 자기를 억제하는 능력 말이다.

③

나만
로맨스라는
착각

착한 정치보다
유능한 정치

1급수에 물고기는 살아도 1급수의 정치를 하기란 너무 어려운 일이 아닐까?

그래도 국민은 유독 진보 진영에 1급수 정치를 바란다. 진보 진영조차 우리는 단 하나라도 티끌이 있으면 안 된다는 강박증이 있다. 정당의 태생 자체가 보수 독재정권에 맞선 결과물이었기 때문일 것이다.

"보수는 부패로 망하고, 진보는 분열로 망한다." 보수 정당의 경우 공당에서 일어나는 어느 정도의 불법에 대해서는 용인되기도 하는데, 진보정당의 경우 티끌만 있어도 자기들끼리 분열이 일어나는 식으로 각각 양상이 다르다.

그렇다고 진보 진영이나 민주당에 부패를 저지르고 묵인하라는 주문이 아니라 우리가 결국에는 다 같이 잘사는 세상을 만들자는 목적을 상기하라는 거다. 보수 진영이야 현재 상태를 유지하고 싶겠지만, 진보 진영이라면 세상을 굵게 바꿔서 모두가 혜택을 받는 구조를 만들어야 하지 않을까. 잘사는 사람은 부모 잘 만나서이고 못사는 사람은 게으르고 노력하지 않아서 그렇다는 인식에 전환을 가져와야 하지 않겠나.

같은 당 안에서 마음에 차지 않거나 거짓말을 했다고 하더라도 앞장서서 비난하거나 스스로 자괴감에 젖지 않았으면 좋겠다. 물론 무작정 덮으라는 건 아니다. 처벌받을 정도가 아니라면 기회를 주는 것도 방법이다.

이번 대선에서도 강박증은 계속됐다. 인물에 대한 경쟁력 평가에서 국민은 이재명 후보에게 점수를 더 주었으나 결국 윤석열 대통령이 당선됐다. 윤석열 후보는 본인 의혹에 아내의 주가 조작, 논문표절, 허위경력, 그리고 장모 관련 문제 등의 이슈가 있었지만, 이재명 후보 쪽의 법인카드 문제나 형수 욕설 파일 등이 훨씬 더 큰 문제로 여론이 조성돼 당선 판도에 크게 작용했다.

이슈에 대한 이중 잣대의 배경엔 언론의 편파적 보도가 큰 역할을 했지만, 아무튼 기울어진 운동장을 보면서 진보 진영이 좀 더 뻔뻔해져야 한다는 생각을 지울 수 없었다. 스스로 과도한 청렴결백을 강요할 이유가 없다는 것이다. 국민은 청렴하다고 해서 표를 주지 않는다.

문재인 정권을 되짚어볼 필요가 여기 있다. 박근혜 전 대통령 탄핵으로 들어선 정권이라 그런지 '착한 아이 콤플렉스'가 있지 않았나 싶다. 지지자 눈에는 너무 답답할 정도로 대통령으로서 쓸 수 있는 권력을 사용하지 않았다.

이명박 정권 말기에 박근혜 정권을 탄생시키려고 국정원을 이용해서 댓글부대를 만들고 경찰조직을 이용해 댓글을 봇물 터뜨리듯 쏟아냈다. 보수정권 사수를 위해 불법도 마다하지 않는 그들의 결집력에 혀를 차면서도 대단하다 하지 않을 수 없다.

그런데 정치적 권한을 합법적으로 써도 될 법한 사안, 즉 방역 조치 완화라든지 자영업자 피해보상 등 이재명 후보가 요구한 사안들을 문 정부에서는 들어주지 않았다. 국민에게 당연히 해줘야 하는 것들마저도 대통령 선거에 중립을 지켜야 한다는 이유로 집행하지 않았다. 지지자로서 참으로 분통 터질 노릇이 아니었나.

이토록 여러모로 불리한 선거를 0.7% 차이로 좁혔는데도 대선은 패배했다. 문재인 정권은 민주당 대통령을 5년으로 끝내버렸다. 국민은 사상 최초로 레임덕 없는 대통령을 만들어주었지만 문재인 정부는 사상 최초로 상대 진영에게 5년 만에 정권을 넘겨준 정부가 되었다.

역설적인 비극이다. 착한 아이 콤플렉스에 빠진 진보 진영이기에 정치적으로 보복해서도 안 되고 항상 공정을 외쳤다. 정권 재창출을 위해 권력을 사적으로 써서는 안 된다는 인식이 지나쳤다.

차이 없이 잘사는 세상을 만드는 게 진보의 목적이라면 그들의 이익 앞에서 똘똘 뭉치는 국민의힘을 반면교사로 삼는 편이 나을 수 있다.

국민 인식에 깔린 이중 잣대가 걸림돌이긴 하다. 보수 진영에서 힘을 사용하면 합법적인 행사로, 진보 진영에서 하면 폭주 혹은 폭거라는 식으로 일종의 마키아벨리즘이 적용된다.

레임덕 없이 물러난 문재인 전 대통령 뒤엔 문재인 지지자들이 있었다. 이 문재인 지지자는 긍정 이면에 폐해도 컸다. 양날의 검이랄까, 지지자들은 문재인에 대한 작은 비판도 소름 끼치게 싫어했다. - 아마도 퇴임 후 보수 진영, 검찰, 언론의 먹잇감이 되어 억울함을 안고 세상을 등진 노무현 전 대통령을 향한 죄책감에서 오는 트라우마일 것이다 - 그렇게 찬양 일색이 지금의 현실을 만들어놓았다.

> 사람의 언론은 옳은 것을 옳다고 말하고 그른 것을 그르다고 말하는 것인데, 옳은 것을 옳다고 하면 듣는 자가 기뻐하고 말하는 자도 기분이 좋으므로 사람들이 모두 즐겨 말하거니와, 그른 것을 그르다고 하면 듣는 자가 흔히 기뻐하지 않고 말한 자에게 해가 따르는 것이다.

조선 시대 실학자 성호 이익의 《성호사설》에 나오는 말이다. 좋은 사람 역할은 상대적으로 쉽다. 좋은 게 좋다고 하면 되니까 고민할 일도 없다. 하지만 때에 따라서는 악역도 요긴하다. 우러러보는 대상일지라도 잘못하면 잘못이라고 할 수 있어야 서로에게 득이 된다.

신뢰가 있을수록 아니면 아니라고 말할 수 있어야 대비할 수 있다. 그런 게 있잖은가. 가장 가까운 사람에게 내가 욕하는 건 괜찮지만, 남이 욕하는 건 봐줄 수 없는 상황 말이다. 그런 심리가 아닐까 싶다. 이 심리가 맞는다면, 남이 욕하기 전에 가장 아끼는 이들이 먼저 악역을 맡았어야 했다. 팬덤 정치의 과제가 아닌가 싶다.

문재인 정부는 권위적이지도 않고, 얻은 것도 많았지만, 국민은 그 차이를 실감하지 못했다. 대중은 본디 색이 분명한 걸 좋아해서 급격한 차이에서 체감 온도를 느낀다. 나라가 더 진일보할 수 있었는데 엄혹한 과거로 회귀한 것 같아서 하는 푸념으로 봐주기를 바란다.

변화는 진리다. 정치하는 방법도 달라지고 더 다가가는 정치가 되어야 한다. 때로는 국민이 체감해서 잘한 정책은 생색낼 필요도 있다. 다수의 행복이 왜 필요한지 교육도 필요하고, 복지 필요성도 널리 알려야 한다. 너도나도 행복해질 방법에 새로운 기법으로 다가갔으면 한다.

빌 게이츠나 버핏이 부자들이 세금을 더 낼 테니까 복지 혜택을 주자고 했던 일화가 있다. 빈익빈 부익부 현상이 심화할수록 할렘화가 되어가는 곳이 늘어나고, 사회가 황폐해질 확률이 높아진다. 생활고에 시달리는 이들이 증가하고 묻지 마 범죄가 횡행하면 사회 고통 지수는 커질 수밖에 없다. 한 국가의 케어 시스템은 그래서 필요한 것이다. 복지정책의 경우 정권에 따라 다른 양상을 보일 수 있으니 보수정권과 진보정권이 누구의 손을 들어주는지 가열하게 알려야 한다.

정치를 이해하면서 떠오른 단어가 '강강약약'이다. 강한 사람에게는 강하고 약한 사람에게 약한 게 정의라고 생각하기 때문이다. 국민을 대하는 진보 진영, 수구 진영의 태도로도 구분할 수 있는바 강강약약을 펼치는 곳은 진보 진영이었다.

현재의 민주당도 딱히 맘에 들진 않지만, 고쳐 쓸 수 있는 여지가 있는 정당이라고 본다. 그나마도 국민을 위해 일할 수 있게 하는 희망이 있으니 말이다. 지금 정치 현실을 빗대 보더라도 국민의힘과 윤석열 대통령의 독주를 막을 수 있는 곳은 민주당이 아닌가 말이다.

국민은 검찰개혁, 언론개혁, 교육개혁을 하겠다는 의지를 보고 다시는 얻지 못할 172석이라는 거대 입법권을 만들어주었지만, 참담한 성적표를 받았다. 하지만 미워도 다시 한번, 민주당을 지지하는 이유는 민주당은 국민과 지지자들이 질타할 때 수용해서 변화하려는 모습을 보이고 있기 때문이다. 검찰개혁의 핵심인 '검찰 선진화법'이 통과하는 장면을 보고 개혁의 의지를 엿볼 수 있었다. 대선 패배 후 새롭게 늘어난 20만 당원들의 목소리에 귀 기울이는 점에서 기대해봐도 되겠다는 마음이 들었다.

민주당은 아직은 넘어야 할 산이 많고, 산적해 있는 문제

들도 많다. 내부 변화도 필요하다. 하지만 강강약약을 하지 못
하는 보수 정당보다는 희망이 있다고 본다.

프로크루스테스의 침대,
그리고
이목지신

    정치판에서 일어나는 일들을 보면 옛이야기들에서 교훈을 찾아볼 만하다.

    그리스신화에 나오는 프로크루스테스는 강도다. 그는 지나가는 나그네에게 잠자리를 제공하는데, 모든 이에게 맞는 침대가 있다고 하며 집으로 끌어들였다. 그러고는 나그네들을 침대에 눕혀 키가 침대보다 넘치면 남는 다리를 잘라버리고, 침대보다 키가 작으면 침대 길이에 맞춰 늘려버리는 식으로 해서 그들을 죽였다. 결국 침대와 딱 맞는 테세우스가 나타나서 프로크루스테스를 똑같은 방법으로 벌했다고 한다.

    '프로크루스테스의 침대'라는 말은 이렇게 나왔다. 어떤 절대적 기준을 정해 놓고 다른 이들의 생각을 그 기준에 맞추려고 하는 횡포나 독단을 이르는 말이다. 일종의 프레임이다.

프로크루스테스의 침대에 빗댈 수 있는 경우들이 실제 정치판에서 종종 등장한다. 그중 하나가 친고죄 폐지와 관련한 일화다. 친고죄는 범죄 피해자 기타 법률이 정한 자의 고소가 있어야 공소를 제기할 수 있는 범죄를 말한다. 즉 고소가 없으면 가해자를 처벌할 수 없다. 성범죄를 저지르고도 합의를 통해 고소하지 못하게 해서 법의 심판을 피하는 폐해가 생기기도 했다.

정의당은 당사자가 직접 고소하지 않아도 제3자가 처벌할 수 있게 하는 친고죄 폐지에 찬성했다. 한데 공교롭게도 김종철 정의당 전 대표가 같은 당 소속 장혜영 의원을 성추행해 직위해제 된 사건이 발생했다. 한 시민단체가 김 전 대표를 경찰에 고발했다. 바로 정의당에서 적극적으로 추진한 친고죄 폐지로 가능한 일이었다.

문제는 피해자인 장혜영 의원의 반응이었다. 그는 SNS를 통해 오히려 불쾌감을 드러냈다. 고소하지 않은 이유가 가해자가 아닌 자신을 위한 것이었으며 시민단체의 고소가 2차 가해라고 한 것이다. 피해자 중심주의를 말하면서 피해자 고통은 조금도 공감하지 않고 성폭력 사건을 입맛대로 소비하는 행태에 염증을 느낀다며 화를 냈다. 자신은 수사받고 싶지 않은데, 왜 내 의견을 무시하고 수사받게 하느냐는 의미였다.

만일 그 대상자가 자신이 아니라 다른 피해자였어도 똑같이 말했을까? 친고죄 폐지를 찬성하며 제 일로 받아들였던 때를 잊은 것인가? 물론 그 역시 피해자로서 충분히 요구할 수는 있다. 도덕적으로 피해자 의사를 존중해 달라, 피해자인 내가 세상에 드러내고 싶지 않다고 말이다.

하지만 그가 정의당 의원으로 친고죄 폐지의 입법까지 동참했으니 자기 분열적 주장을 해서는 말 다르고 행동 다른 꼴이 되는 셈이다. 자신이 입법 당시 피해자 입장에 서보지 않아서 몰랐다손 치더라도 입법한 이상 본인도 따라야 옳다. 밥 먹은 후에 태도가 바뀐다고 본인만 거기서 빠져나오려고 하니 당시 거센 비난을 받았던 것이다.

누군가 논리적 비일관성을 지적하면 '나는 피해자라 이렇게 힘든데, 너희가 나보고 그렇게 말할 수 있어?'라며 본질을 흐린다. 계속 지적하면 '너 2차 가해하는 거야?' 하며 덧씌우기에 나선다. 이 흐름이 왠지 익숙하다고 느껴지는 건 뭣 때문일까? 페미들이 성 문제를 바라보는 방식이 아닌가. 굉장히 비겁한 변명에 지나지 않는다.

프로크루스테스의 침대처럼 프레임에 가둬놓고 남에게는

지적하고 처단하면서 막상 본인에게 맞추려고 하면 빠져나가려는 꼴이 아니고 뭐란 말인가. 정치를 한다면 그만한 책임감은 기본이다.

정치적 책임감을 논할 때 빠뜨릴 수 없는 인물이 중국 전국시대 진秦나라 재상이자 사마천이 쓴 《사기》 '상군열전'의 주인공 상앙이다. 그는 강력한 개혁으로 진나라를 부흥시키고 진나라가 천하를 제패하는 데 토대를 만든 인물이다. 중국 법가사상의 대표적인 인물인 만큼 그에게서 법을 빼고 논할 수 없다.

전국 7웅 중 가장 낙후한 진나라를 부흥시키기 위해 상앙은 새로운 법을 만들었다. 하지만 공포는 하지 않았다. 과연 백성들이 믿어 줄지 염려했고, 아무리 좋은 법도 백성들이 따르지 않으면 허사였기 때문이다.

그래서 상앙은 3장 길이의 나무를 남문에 세운 후 북문으로 나무를 옮기면 상금 10금을 주겠다고 했다. 하지만 아무도 나서지 않았다. 이에 50금을 걸었더니 그때는 옮기는 이가 있었다. 상앙은 그에게 50금의 상금을 주었다. 그리고 법령을 공포했다. 이 일화를 '이목지신移木之信'이라 하는데, 나무를 옮겨 신뢰를 얻는다는 의미이다.

상앙의 개혁을 담은 법은 1년이 지나도 익숙하지 않았던 지 여기저기서 불만이 터져 나왔다. 그때 마침 태자가 법을 어겼다. 상앙은 법의 집행 못지않게 처벌에도 가혹했다. 온몸을 찢는 거열형은 만들어 처벌했다. 차기 왕이 될 태자가 어겼음에도 상앙은 법대로 하려고 했다. 다만 태자에게 직접 형을 집행할 수 없어 태자 스승의 얼굴에 형을 가했다. 태자에게까지 법이 공정함을 보이자 백성들은 법령을 따랐다. 10년 후 진나라의 변화는 대단했다. 도둑도 없고 백성들의 삶이 풍족해졌다.

법이란 게 모두에게 공정하지는 못하다. 아무리 좋은 법도 불편을 겪는 세력이 있게 마련이다. 일반 대중에게 공정한 법은 기존 기득권 세력에게는 불편하다. 자기들이 권력을 휘두를 폭이 좁아지는 탓이다. 태자를 비롯한 기득권 집단의 거센 반발은 상앙의 개혁을 적극적으로 지지했던 진효공이 죽자 드러나게 되었다.

그들은 상앙을 역모로 모함했다. 상앙은 진나라에서 도망을 치다 자신이 수립해놓은 치안에 걸려 체포돼 예외 없이 거열형으로 비참한 최후를 맞았다. 자신이 만든 법은 자신에게도 해당하는 것을 모르지 않았으리라.

제갈공명이 아끼던 마속이 군법을 어기고 독단으로 행동

하다가 패전했다. 제갈공명은 군법을 바로 세우기 위해 아끼던 마속의 목을, 눈물을 삼키며 벨 수밖에 없었다. 읍참마속泣斬馬謖, 아무리 아끼는 측근이라도 기강을 바로 세우기 위해서라면 엄정하게 대할 수밖에 없다는 의미이다. 자신에게, 자신의 주변에 엄격하지 않으면 더 많은 사람에게 신뢰를 얻지 못한다. 다른 사람들에게 너그럽게 대한다 해도 그 진정성은 의심받게 된다.

프랑스 혁명기에 공포정치로 유명했던 로베스피에르가 자신이 구상한 단두대에서 최후를 마친 것도 같은 이치다. 그들 모두 정치인으로서 그만한 책임을 진 것이다.

자기만 특별한 아전인수식 정치판을 곳곳에서 목도한다. 특히 성범죄에서는 진영에 따라 바라보는 시각차로 프로크루스테스의 침대가 더 견고하게 짜여 있기도 하다.

성 비위 문제가 국민의힘이라고 없겠는가. 무슨 이유에서인지 크게 문제 삼지 않을 뿐이다. 앞서도 말했던, 취재 중 인터뷰를 시도하려는 여성 기자를 떨치는 과정에서 기자의 가슴을 터치한 국민의힘 주호영 의원은 사과 한마디 없었다. 실수였으나 불쾌했다면 미안하다고 하면 됐을 일을 오히려 기사를 쓰면 고소 고발하겠다고 으름장을 놓았다. 만일 같은 행동을 민주당 박홍근 원내대표가 했다면 언론과 여성단체가 가만히 있었을까?

마찬가지로 국민의힘 황보승희 의원의 불륜이 제기되었을 때 언론들은 일절 기사화하지 않았다. 개인 문제이기에 기사화하기가 모호하다는 이유에서였다고 한다. 그런데 반대로 대선을 앞두고 민주당에 영입된 조동연 센터장에 대한 언론의 태도는 어땠는가? 이 역시 황보승희 의원과 마찬가지로 개인사였을 뿐만 아니라 심지어 조 센터장의 자의적인 일이 아니지 않았는가. 하지만 언론들 특히 <TV조선>에서는 조 센터장의 사생활 하나하나를 들추며 보도했다.

프랑스 정치인이자 대통령을 역임했던 드골은 '정치가는 자신이 한 말을 믿지 않기 때문에, 다른 사람들이 자신을 믿으면 놀란다.'라고 말했다. 정치에서 신뢰만큼 중요한 덕목이 없을 텐데, 정치가들은 자신이 한 말도 믿지 못할 만큼 국민에게 불신을 흠뻑 안긴다.

자신이 뱉은 말은 믿지 못하면서 다른 사람이 그 말을 믿을 때 놀라는 사람은 차라리 양심이라도 남아있다고 봐야 할까? 아예 위선과 불신으로 가득한 정치인들이 많다는 게 문제다. 우리나라 정치인들도 말끝마다 신뢰의 정치를 외치지만 공허한 소리로 들릴 때가 많다. 과연 정치에서 신뢰가 얼마나 중요한지 알고는 있는 걸까.

혐오에
혐오를
더해서

내가 한 발언이 기사화된 후에 나는 인터넷 커뮤니티에서 욕설, 악플, 응원을 모두 접했다.

"박지희는 정말 끔찍한 혼종이다"
"진보 방송에 나오는데 의외로 페미가 아니다"
"여자가 왜 페미에게 각을 세워? 남자한테 잘 보이려고?"

가장 많았던 글은 페미가 아닌데 왜 진보 진영을 지지하냐는 것이었다. 앞에서도 밝혔듯 페미가 진보 진영의 산물이 아니고 그렇다고 반페미가 보수 진영의 산물도 아니므로 그 둘을 연결하는 일 자체가 어불성설이라 본다. 하지만 젠더 논란을 정치적으로 열심히 이용하며 혐오를 키운 양쪽 진영 덕분에 말도 안 되는 개념이 잡혀 그 화살이 나 같은 사람에게 돌아오는 것이다.

일부 남성들은 내가 페미가 아니라서 응원한다는 얘기도 많았는데, 사실 이건 페미이고 아니고의 문제라기보다는 젠더 이슈에 대한 접근법에서 온 차이다. 나는 소위 페미니즘, 여성 인권을 이용해서 자기 이익을 챙기려는 사람들이 문제라고 본다. 예를 들어 기득권 카르텔에 충성하는 진영에서 성적 비위가 발생했을 때는 입 다물고 있다가, 공격하기 좋고 전투력도 약한 진영에서 문제가 발생하면 래커처럼 나타나 본인이 마치 온 세상 여성 인권을 옹호하는 사람처럼 외쳐대는 모 교수처럼 말이다.

본인 영달을 위해 여성 인권 운운하는 사람이라면 비판받아도 마땅한데도 합리적 비판이라도 할라치면 2차 가해 운운하며 반페미니스트로 몰아가고, 반대의 경우에도 래디컬 페미니스트로 치부해버리는 현 상황이 암담하다.

어쩌다 페미니즘이라고 하면 페미와 반페미만 존재해 '내 편을 들지 않으니 넌 상대방 편'이라고 몰아가는 무지와 폭력이 난무하게 된 걸까.

우리나라 정치사에서 이렇게 국민을 분열시켜 덕을 본 사례가 있다. 박정희 정권이다. 안 그래도 좁은 이 땅을 동서로 나눠 지역

사람은 누구나 존중받을 자격이 있다.
나와 상대방의 위치가 다르더라도
서로 지켜야 할 예의란 게 있다.

감정을 조장해 정권 유지의 효과를 보았고 여전히 대한민국은 그 지역감정의 망령에서 벗어나지 못하고 있다.

또 하나는 분단된 현실을 이용해 정권에 반대한다면 빨갱이로 몰아가는 색깔론이다. 북한을 이용해 안보 위기를 조장하는 악습으로, 1997년 제15대 대통령 선거 직전 한나라당 이회창 후보 진영에 유리한 분위기를 형성하려고 당시 청와대 인사들이 북측 인사에게 무력 시위를 요청한 혐의로 기소된 사건이 대표적이다.

개인적으로 남과 북이 단계적 통일을 이루기 전까진 외교와 안보 사안에서만큼은 보수적 스탠스를 유지해야 한다고 보는 견해인데, 이런 식으로 북한에 의지해 정권을 연명하려는 자들이 더 괘씸하다.

흑과 백, 이념과 세대도 모자라 성별로 갈라치기 하는 꼴불견을 목도 중이다. 성별로 갈라치니 '다름'은 사라지고 상대방에 증오를 표하는 혐오의 단계에까지 들어섰다. 가장 독한 갈라치기가 성별이 아닐까 싶다. 남녀가 서로 적대시하며 연애도 결혼도 거부하는 상황에까지 이르렀다. 20대 대선을 기점으로 성별 간 갈등을 부각하는 혐오정치가 극에 달했다.

사회 전체에 대한 혐오라면 풍조라고 볼 수도 있겠지만, 특정 집단을 의도적으로 조장하고 확대한다는 점에서 문제의 심각성이 느껴진다. 혐오에 혐오를 더해서 자신의 정치적 위치를 굳건히 한 이준석 국민의힘 전 대표는 혐오 정치에 대한 비판에서 벗어나기 어려울 것이다.

부정적인 사회현상을 바로 잡아줘도 모자랄 판에 자기 이익을 위해 20대 남성(이대남)들을 대변하는 양 혐오를 조장했다. 이 대표는 대선 국면에서 이대남을 끌어들여 윤석열 후보의 여가부 폐지 공약과 함께 여성 유권자를 배제했다.

이 대표의 혐오 정치는 여기서 끝이 아니었다. 전국장애인차별철폐연대(이하 전장연)가 2021년 12월부터 이동권 보장 등을 요구하며 출퇴근 시간대 지하철 시위를 벌였다. 이에 이준석 대표는 놀라운 대응을 시전했다.

"아무리 정당한 주장도 타인의 권리를 과도하게 침해하면서 하는 경우에는 부정적인 평가를 받을 수 있다."

"시민의 출퇴근을 볼모 삼는 시위가 지속될 경우 현장으로 가서 따져 묻겠다."

그의 SNS에 실린 내용이다.

"최대 다수의 불행과 불편을 야기해야 본인들의 주장이 관철된다는 비문명적 관점으로 불법 시위를 지속하고 있다."

국민의힘 당 최고위원회에서 한 공식적인 발언이다.

그가 사회적 약자를 어떻게 인식하는지 몇 마디 말에 다 녹아 있다. 그는 장애인들의 목소리를 듣기보다 그들 요구를 '비문명'과 '불법'으로 치부해버렸다. 그의 강경한 반응은 장애인을 혐오하는 시선을 키우는 데 크게 일조했다.

집회 및 시위에 관한 법률위반·도로교통법 위반에 대한 2009년 대법원판결을 보자.

집회나 시위는 다수인이 공동 목적으로 회합하고 공공장소를 행진하거나 위력 또는 기세를 보여 불특정 다수인의 의견에 영향을 주거나 제압을 가하는 행위로서, 그 회합에 참가한 다수인이나 참가하지 아니한 불특정 다수인에게 의견을 전달하기 위하여 어느 정도의 소음이나 통행의 불편 등이 발생할 수밖에 없는 것은 부득이한 것이므로 집회나 시위에 참가하지 아니한 일반 국민도 이를 수인할 의무가 있다.

집회나 시위는 참여하는 사람과 그렇지 않은 사람으로 나뉜다. 집단의 목적을 위한 집회는 공공연하게 볼 수 있다. 참여하지 않은 쪽에서는 불편을 겪게 된다. 그렇다 하더라도 어떤 문제이든 집회에 참여할 상황이 생기게 마련이다. 당연히 집회와 결사의 자유가 있는 민주주의 사회에 살고 있으니 불편함 정도는 감수해야 한다. 대법원에서 이를 명시하고 있지 않은가. '집회나 시위에 참여하지 아니한 일반 국민도 이를 수인할 의무가 있다'라고 말이다. 여기서 수인의 의무란 타인이나 국가가 자신에게 영향을 미치는 행위를 할 때 그러한 행위에 대해서 받아들이고 인내해야 하는 의무를 말한다.

다음은 국가인권위원회에서 편찬한 2021 인권상황보고서 내용이다.

유엔 장애인권리협약CRPD 제9조는 당사국이 장애인이 자립적으로 생활하고 삶의 모든 영역에 완전히 참여할 수 있도록 하기 위해, 장애인이 다른 사람과 동등하게 도시 및 농촌지역 모두에서 물리적 환경, 교통, 정보통신기술과 체계를 포함한 정보통신, 그리고 대중에게 개방 또는 제공된 기타 시설과 서비스 접근권을 보장하는 적절한 조치를 취해야 한다고 규정하고 있다. 이러한 조치에는 접근성 문제와 장벽을 식별하고 철폐하는 것을 포함한다.

사실 장애인의 불편한 생활 개선 및 이동권을 보장하기 위해서 제공해야 하는데도 정부에서는 우선하여 처리해주지 않았다. 장애인 스스로 나설 수밖에 없던 것이다. 인권위에서도 '기술개발 과정에서 초기부터 약자를 포함한 모두를 고려하기보다는 상업적 가치를 최우선으로 해 발전하는 경향이 있고, 이에 따라 다양한 사용자, 특히 장애인이나 이용 약자를 위한 고려나 배려가 부족해지는 것이 현실이다.'라고 인정한 부분이다.

　　공당의 대표가 도의적으로라도 미안한 마음으로 설득에 나섰어야 했는데도 '비문명'이니 '불법'이니 떠들어댄 것은 개인의 신분으로라도 용서가 안 될 말이었다.

　　출퇴근 시간대 시위로 교통이 혼잡해지고 자칫 지각할 상황이 되니 불편한 건 맞다. 그럼 불쾌한 상황은 장애인에만 책임을 물을 일일까? 우리 사회와 국가가 장애인을 외면하고 제대로 된 방안을 만들어주지 못한 결과로 보는 게 합당하다.

　　장애인들의 이동권 문제인 만큼 이동 수단이 되는 도로에서, 지하철에서 시위를 벌일 수밖에 없다. 다소 불편하더라도 장애인들을 배려하고 정부가 장애인들을 위한 정책을 만들어줄 수 있도록 촉구한다면 궁극적으로 그런 불편을 겪을 이유가 없다. 장애인이 편하면 어린아이와 노인은 물론 모든 국민이 모두 편해질 수 있다는 건 상식이다.

사람은 누구나 존중받을 자격이 있다. 나와 상대방의 위치가 다르더라도 서로 지켜야 할 예의란 게 있다. 어떤 경우에는 예의를 넘어 정중하게 대우하는 예우로 대해야 할 때가 있다. 바로 정치인이 사회적 약자를 대할 때여야 한다고 본다. 강강약약이라는 말처럼, 스스로 가치를 올리려면 가장 어려운 이들의 가치를 소중히 하는 것부터 시작해야 한다.

여성할당제?
남성할당제?

"이화여대의 사회적 위치가 이 정도가 됐으면 이제 공학으로 바꾸는 것을 고민해야 하지 않나요?"

대학 시절, 누군가 이 사회에서 여자대학교라는 존재의 의미에 대해 질문한 적이 있었는데 당시 교수의 답은 이랬다.

"이화여대가 공학이 되기 위한 조건이 있어요. 국회의 절반이 여성이 되면 그때 공학이 될 겁니다."

개인적으로 참 어이없는 답변이라 생각했다. 생물학적인 여성의 수가 대체 왜 그렇게 중요한가. 여성에 대한 사회적 배려를 의미하는 것인지, 여성의 힘이 그렇게 반으로 가를 정도로 커져야 한다는 것인지 이해할 수 없었다. 생물학적 여성의 숫자가 많다고 해서 여권 신장이나 대한민국 발전에 긍정적 영향을 불러온다고 볼 근거도 없지 않은가.

이제는 여자들만 다니는 학교가 필요하지 않은 것이 사실이다. 여학교가 생긴 배경은 그 당시 여자들이 교육받을 만한 장이 없어서였다. 이제는 남녀공학이 대세이고 학교가 남녀 차이를 구별해야 할 문제가 있는 것도 아니다. 오히려 문제라면 남녀 간 차이보다 계층 간 차이다. 부모 소득에 따라 교육의 질이 달라지고 정보의 불균형이 일어나니 여기에 힘을 쏟아야 한다. 그런데도 여전히 남자냐 여자냐 하는 성 문제의 수렁에서 벗어나지 못하는 것 같다.

여기서 드는 또 한 가지 의문은, 여성할당제가 존재하는 사회가 좋은 사회인가 하는 것이다. 언뜻 들으면 제도적으로 여성을 배려해주니 좋은 사회의 징표라고 여길 수 있다. 하지만 궁극적으로는 여가부나 여성할당제가 없는 사회가 좋은 사회다. 굳이 배려하지 않아도 될 만큼 양성평등이 이루어진 사회일 테니 말이다.

공직이나 사회의 제반 조직에서 여성에게 일정 비율 이상의 자리를 할당하는 것을 여성할당제라고 한다. 여성의 사회 진출이 어려웠을 때 이 장치를 두었다. 여성할당제로 가기까지의 길도 쉽지는 않았다. 사회에서 여성의 존재감을 공식적으로 드러내는 일이었으니 많은 부침이 있었다.

할당제가 자리 잡아가면서 역차별이라는 지적이 나오고 있다. 여성에게도 남성에게도 도움 되지 못할 때가 있고 자칫 밥그릇 챙기기로 보이는 결함도 드러난다. 이를테면 교대생들은 남성할당제를 반대하는데, 일선에서 일하는 교사들은 남성할당제가 필요하다고 얘기하는 것이다. 2020년 전국 초등학교 교사의 77.1%가 여성이라 아이들의 성 역할 정립이나 체육 수업 등에 남자 교사가 더 필요하다고 한다. 하지만 정작 여성계에서 반대하는 상황이라 추진하지 못하고 있다.

2021년 남인순 의원을 비롯한 민주당 여성 의원들이 지역구 국회의원 공천에서 여성 비율이 40%를 넘도록 의무화하는 법안을 발의했다. 이미 경선 과정에서 여성에게 가산점을 주고, 여성할당제의 대표적인 사례인 비례대표 할당제로 선거법상 여성 의원이 반드시 절반 이상이 되도록 하며, 비례 1번 등 홀수 번호에는 반드시 여성만을 공천하게 되어 있다. 지방 선거에선 이 비중이 더 높아, 광역비례의원이나 기초비례의원 중 대부분이 여성이다.

성차별이 심했던 시대에 탄생했다는 점에서 지금도 성차별이 심하다면 모를까, 양성평등을 위한 정책도 많아진 데다가 사회적 인식도 달라지고 있다. 여성할당제가 역차별이라는 지적이 나오는 시점에서 지역구 공천에서 여성 비율을 보장받자는 법안은 신중해야 한다고 본다.

정치권에서 여성할당제가 가장 강력하게 발휘되고 있는데, 과연 한국 정치에 이바지할 수 있는지도 따져 봐야 한다. 여성할당제로 의원이 되었는데 제 목소리를 내지 못한다는 비판이 있을 뿐만 아니라 여성할당제로 그만큼 여권 신장에 기여했는지 의심의 목소리가 나오기 때문이다.

정의당은 여성 중심적이라 비례대표도 1번 2번을 주고 여성의 목소리를 반영해서 당의 시스템이 이뤄진다고 한다. 그런데 왜 노회찬 전 의원이 있을 때보다 지지율이 떨어지는지 반문해볼 수 있지 않을까?

여성이라는 성에 집착한 그들은 여성 대통령이 나왔다며 환호했다. 그들이 여권 신장을 위해 무엇을 했는가? 박근혜, 최순실의 국정농단이 있었을 때 여성단체의 실패, 한국 여성 정치의 실패라고 단 한 사람도 말한 적이 없다. 그렇다면 여성 정치인이나 여성단체는 본인들이 유리한 이슈만을 편의적으로 취사선택하고 있다는 방증이다.

진선미 의원은 여가부 장관 시절 여성할당제 덕에 여기까지 왔다고 한 적이 있었다. 그래서 더욱 여성할당제의 필요성을 강조했다. 맥락만 따지면 다른 여성 장관이 실패하더라도 똑같이 할당제에 책임을 물어야 할 것이다.

할당제처럼 기회가 아닌 결과의 평등을 추구하겠다면, 역차별 문제가 반드시 제기된다. 굳이 성性을 내세울 것이 아니라 실력을 갖춰야 한다. 평등이란 동등하게 기회를 나눠야 하는 것이다. 장치보다는 노력으로 오를 수 있게 하고, 노력한 바에 따라 동등한 책임이 있어야 한다.

따라서 상식을 지키지 않는 할당제 주장엔 문제가 있지 않은가 말이다. 차별받는 여성들의 이익을 끌어올리겠다고 하면서 정작 자기들 이익에만 충실한 건 아닌지 돌아봐야 한다. 정치권으로 진입하고자 한다면 먼저 능력을 키우는 게 먼저다.

정치 능력을 남성들만 키우도록 한 과거도 있었지만, 이제는 다르지 않은가? 언제까지 여성을 할당제로만 가둘 수 없다. 할당제가 정치권으로 진출하는 장치라는 집단적 착각에서 벗어나야 한다.

여성할당제가 있으니, 마치 여성들 권위가 높아진 것 같고 모든 여성에게 기회가 골고루 돌아갈 것 같은 착각을 주지만, 그 기회마저도 특정 소수가 독식한다. 어차피 기회 보장을 받지 못하는 사람들은 존재한다. 기회의 장이 여성들에게 열린다 해도 최종 단위는 한 개인에 불과한 것이다.

그 대표가 집단의 이익을 대변한다고 할 수는 있는가? 철저한 검증 없이 숫자만 늘리는 데 집착한다면 어떤 경우가 생길지 상상해보았는가? 예를 들어 태어나서 한 번도 남녀 차별도 겪어보지 못하고 여자로 태어난 것을 행복해하는 사람, 혹은 여성정책에 진심으로 관심이 없는 사람이 그 자리에 올랐을 때 남녀 차별과 여성으로서 불합리한 면들을 지적할 수 있을까? 반대로 가부장적 집안에서 누나와 여동생이 차별당하고, 여성 동료가 차별받는 모습을 보고 불합리한 면을 겪어보고 안 남성이 훨씬 더 여성 인권을 잘 대변할 수 있다는 생각은 해보았는가?

여성이라고 해서 여성 의견을 반영하는 여성정책만 세우리라는 법은 없다. 생물학적으로 여성이냐 남성이냐가 중요한 것인지 고민해봐야 한다. 40% 여성 공천을 의무화하려면 남성도 40%로 의무화해야 맞는 발상 아닌가. 여성할당제든 남성할당제든 나누며 밥그릇을 챙기는 것이 중요한 게 아니라는 말이다. 그런 갈라치기는 남녀 간 갈등을 부추기는 촉매다.

계급, 계층 문제로 확대해보길 바란다. 차별과 소외에 공감대를 가진 여성, 여성단체라면 경제적인 문제 등으로 소외되고 고통받는 이들을 위해 머리를 맞대고 문제를 해결하려는 노력이 더 시급하지 않을까 싶다. 젠더 문제로만 바라보면 이런 근본적 사회 문제의 해결은 요원하다.

참 이상한
'자칭' 보수주의자들

자존심을 지킨다는 건 무엇일까? 자기 자신이나 일에 자부심을 느낀다는 의미도 그중 하나일 것이다. 상대적으로 존중받는다는 뜻이기도 할 텐데 반대로 자존심이 지켜지지 않았을 때는 모욕감을 느낄 수 있다.

자존심엔 개인뿐만 아니라 국가적 자존심도 있다. 우리 역사에서 국가적 자존심에 상처를 입었던 적은 언제였을까? 외세의 침입, 그중에서도 임진왜란과 일제강점기 때라고 할 수 있다. 국가적 자존심을 회복하려면 전쟁을 끝내고 평화의 상태로 돌아가야겠지만, 전쟁 중이라도 국가적 자존심을 잃어서는 안 된다. 임진왜란 당시 행정과 군사를 총괄한 전시 재상이던 류성룡은 이를 자강自彊이라고 했다.

신이 가만히 오늘의 인심을 보건대, 전적으로 왜적의 토벌을 명 군에게만 책임 지우는 것은 비록 행할 만한 책략이 있다 하여 도 조치할 뜻이 거의 없습니다. 옛날부터 다른 나라에 군대를 청하여 국가를 회복하려 한 주장은 우리 쪽에 있었고, 다른 나 라의 군대는 우리를 위하여 원조할 뿐이었습니다. 이것을 병의 치료에 비유한다면, 우리는 원기요, 다른 나라의 군대는 약과 침 따위로 치료하는 것과 같습니다. 약과 침으로 치료할 때엔 반드시 원기를 바탕으로 삼습니다. 만약 우리 쪽에 원기가 전 혀 없으면, 비록 아주 비싼 약이 있더라도 어디에다 이것을 실 시하겠습니까.

류성룡의 《서애집》에 나오는 내용으로, 왜군의 침략에 명 나라에 원조를 청하는 것은 자존심을 버리는 일이 아니라고 했다. 왜가 명나라로 가기 위해 조선 땅을 침략한 것이라 했으 니 당연히 명에서 지원해야 옳다고 강조했다.

다만, 류성룡은 아무리 원조를 청하더라도 조선 땅은 조선 사람들의 것이니 그 중심은 조선에서 잡고 있어야 한다고 요점을 놓치지 않았다. 명나라에만 의지해서는 안 되고 국가적 자존심을 잃지 않으려면 그만한 힘을 가져야 한다고 강조했다.

굳이 조선 시대까지 돌아가 류성룡의 어록을 꺼내는 것은 참 이해가 가지 않는 우리나라의 극우단체들 때문이다. 우리나라 극우단체들의 비상식적인 행동들을 볼 때면 과연 우리나라에는 진정한 보수주의자가 있는지 의문이 든다. 2022년 6월에 독일에서 벌어진 일은 아무리 이해하려고 해도 도저히 이해할 수 없는 일 중 하나였다.

독일 베를린 미테 구에는 '평화의 소녀상'이 설치돼 있다. 일본군 위안부 문제의 피해를 상징하는 평화의 소녀상은 2020년 독일에도 설치되었다. 그동안 일본 정부가 독일 정부에 항의해 여러 번 철거될 위기에 처하기는 했지만, 소녀상 건립을 주도하고 지켜온 독일 시민단체인 코리아협의회의 노력으로 독일 녹색당과 좌파당이 구의회에서 다수 의견으로 영구 존치 결의안을 낸 것이다. 이제 평화의 소녀상은 베를린의 기념물이 되리라고 기대하고 있었다.

그런데 한국의 '위안부사기청산연대(이하 위사연)'라는 단체가 베를린 '평화의 소녀상' 철거를 요구하는 시위를 벌이는 황당한 일이 벌어졌다. '위안부 사기 이제 그만' '코리아협의회, 거짓말하지 마! 위안부는 전시 성폭력 피해자가 아니다'라는 글귀가 쓰인 현수막을 들고 시위를 벌였다. 코리아협의회에서도 소녀상을 지키기 위해 맞불 시위를 놓았다. 독일 현지 시민들조차 한국 극우단체의 원정 집회에 황당해했다고 하니, 이 국제적 망신에 대한 부끄러움은 누구의 몫이란 말인가?

위사연에 포함된 이들은 문재인 대통령의 양산 사저 인근에서 시위를 벌였던 보수단체 '엄마부대' 대표 주옥순, 연구비와 재정지원을 일본 우파에 가까운 토요타 재단에서 받고 식민지 근대화론을 주장해온 연구소 낙성대경제연구소 이우연, 국사교과서연구소장 김병헌 등이다.

위사연이 벌인 황당한 일은 우리나라 보수 정당인 국민의힘까지도 비난할 정도였다. 보수주의자라고 해서 상식에 벗어나는 행동을 하는 건 아니다. 행동 양식에도 나름의 논리가 있어야 하는데 무엇을 위한 시위였는지 이해가 되지 않는다. 요즘 말하는 관종이라면 모를까.

보수주의라는 것은 새로운 사상 등이나 변화를 적극적으로 받아들이기보다는 전통을 옹호하고 유지한다는 사전적 의미가 있다. 대체로 전통 이념이나 전통 방식의 유지와 국가에 대한 충성, 공동체의 이익 추구 등이 전형적인 면모라고 할 수 있다.

다른 나라의 보수주의자들이나 극우들을 보면 철저히 자국 이익에 기초한다. 이를테면 미국 보수주의는 개인의 자유와 미국적 가치를 지향한다. 일본의 보수 진영은 기형적인 형태 중 하나로 '혐한'을 외치며 우리나라를 배척하는 것으로 일본 국민을 모으려고 한다. 대체로 다른 나라의 보수나 극우들은 철저히 자기 나라의 이익에 복무한다.

우리나라의 보수주의는 특별한 구석이 있다. 전통성보다 근대성에 우호적이고 서구에 친화적이며 반공주의에 기반한다는 점이다. 대체로 극우란 극단적 민족주의와 자국 우월주의를 동반하는데 우리나라 극우는 국가에 대한 충성과 애정보다는 친미, 친일에 대한 가치를 우위에 둔다.

한국의 대표적인 극우단체인 태극기부대를 보자. 태극기를 이름으로 내걸지만, 시위할 때는 성조기, 일장기, 심지어는 크게 관련이 없을 것 같은 이스라엘 국기까지 등장한다. 엄밀히 따지면 특정 정당의 계파, 특정 정치인의 극단적인 지지자 모임 정도로 봐도 무방하다.

베를린에 가서 평화의 소녀상 철거를 요구하는 시위를 벌인 대한민국 엄마부대도 마찬가지이다. 봉사단체로 이름을 내

"당연히 집회와 결사의 자유가 있는 민주주의 사회에
살고 있으니 불편함 정도는 감수해야 한다. 대법원에서
이를 명시하고 있지 않은가."

걸었지만, 대한민국어버이연합, 태극기부대 등과 함께 친박, 박근혜 친위세력이자 친일 단체이다.

엄마부대의 대표인 주옥순의 경우 본인의 트위터에 '나라만 생각하는 유관순'이라고 자기소개를 했다는데, 유관순 열사가 알면 땅속에서 통곡할 일이다.

2016년 한일 위안부 합의에 관련된 논쟁 당시 위안부 피해자들에게 일본을 용서해주자며 시위를 벌였고, 한일 무역 분쟁과 2019년 일본 불매운동이 벌어질 때는 "아베 수상님, 국민의 한 사람으로서 진심으로 사과를 드립니다."라든지 "아베 파이팅!"을 외치며 시위를 주도했다.

이처럼 우리나라에서 '극우'를 자처하는 이들은 무비판적 사대주의와 식민사관에 찌든 괴집단에 불과하다. 진정한 보수는 아닌 셈이다.

우리나라 극우단체의 근원이 어디서부터 비롯되었을까? 다시 조선 시대로 넘어가 보자.

정유재란으로 왜의 재침략이 있을 당시 명나라의 양호라는 책임자가 조선에 와서 왜군과 싸웠다. 하지만 울산에서 패전하고 말았다. 명의 경우 장수에게 패배란 죽음을 의미했다. 양호는 패전을 숨겼다. 하지만 과도관 주사인 정응태가 그 사실을 알고 명 황제에게 양호를 탄핵했다. 여기까지는 명나라의 문제이니 뭐랄 게 없었다.

문제는 조선 조정의 대처였는데, 바로 양호를 변호하고 나섰다는 점이다. 류성룡은 그것은 명의 문제이니 조선 조정에서 관여해서는 안 된다는 주장을 펼쳤다. 양호를 변호했다가 조선 조정을 오해할 수도 있고, 명에 대한 간섭으로 보여 긁어 부스럼을 만드는 꼴이 되기 때문이었다.

하지만 조선 조정에서는 류성룡의 말을 따르지 않았다. 아니나 다를까 명에서는 조선이 양호와 한통속이 되어 함께 속이고 진실을 은폐하고 있으며 왜적을 끌어들여 요동을 범하려 한다고까지 했다. 그렇게 명나라에 약점을 보이고 말았다. 양호는 실제 조선에서 크게 공을 세우지도 못했다.

양호를 옹호하는 일에 반대했던 류성룡은 탄핵을 받았고, 결국 스스로 물러났다. 그러나 조선 조정은 명에 가서 자존심을 바닥에 드러낸 글로 변명을 할 수밖에 없었다. 또 선조는 거적을 깔고 명 황제의 처분을 기다리는 치욕을 맛보아야 했다. 조선으로서는 조선을 위해 원정까지 와서 싸운 양호에 대한 고마움에 의리를 지킨다고 벌인 선의였지만 오히려 조선이라는 나라의 얼굴에 먹칠하는 결과를 낳고 말았다. 조선은 이후로도 명에 대한 쓸데없는 사대주의로 국격을 떨어뜨리는 상황을 자주 맞이하게 되었다.

위에 언급한 극우단체들이 바로 미국이나 일본 등에 집착하며 국격을 떨어뜨리는 행동을 일삼고 있다. 다른 나라 보수주의자나 극우단체들은 자국을 중심으로 자국의 이익을 1순위로 치지만, 우리나라 극우 보수주의자를 자처하는 이들은 그저 무국적의 이익집단일 뿐이다.

누가
이대남, 이대녀를
가르는가?

우리나라 정치인들은 나누는 것을 좋아한다. 이미 남북으로 나뉘었는데, 거기에 동서로 나누고, 색깔로 나누고, 이제는 젠더, 남녀로 나눈다. 지금껏 이렇게 나눠서 실패한 적이 없으니 나눌 수 있으면 뭐든 나눌 것이다.

일단 나누고 나면 서로 갈등을 빚기 마련이다, 나눠진 이들이 서로 치고받고 싸울 때 정치인들은 나눠진 자기구역에서 이익을 취한다.

영화 《그 섬에 가고 싶다》의 원작은 임철우의 '곡두운동회'이다. 영화를 본 사람들은 알겠지만, 간단한 줄거리는 이렇다. 한국전쟁 때 한 섬마을에 점령군이 인민군에서 국군으로 수시로 바뀌는 과정에서 인민군이 들어와 마을 사람들을 학교 운동장으로 모아놓고 선을 갈라 우파와 좌파를 나누도록 한다. 살기 위해 좌로 사람들이 몰렸는데, 알고 보니 인민군 복장으로 위장한 국군이었다. 국군의 빨갱이 소탕 작전은 그렇게 끝이 난다. 사실 마을 사람들은 좌도 우도 아니었다.

한국전쟁 전후, 좌우 대립으로 곡두운동회 같은 일이 벌어졌던 마을들이 있었다. 좌도 우도 아닌 사람들에게 하나의 이념을 선택하도록 강요당하는 갈라치기의 역사는 꽤 오래된 셈이다.

여성정책은 성별을 불문하고 모두에게 평등한 결과로 귀결되어야 옳다. 하지만 남성을 역차별하거나 되레 여권 신장을 가로막는 부작용이 나타났다. 페미니즘 원론으로만 접근하다 보니 사회에 성평등의 불균형을 심화하는 게 아닌지 걱정이다.

문재인 정부가 페미 대통령을 표방하면서 오히려 반대급부로 이대남을 양성하는 결과를 빚었다. 2021 서울시장 재·보궐선거에서 오세훈 후보를 압도적으로 지지하며 이대남의 존재감을 드러냈다. 그리고 국민의힘 당 대표 선거에 적극적으로 참여해 이준석을 당 대표로 만들었다.

이대남은 왜 이준석에게 열광적인 지지를 보냈을까?

문재인 정부가 페미니즘을 지지하자 남성들이 차별받고 있다고 여기고 안티 페미니즘, 혹은 반페미니즘으로 집결했다. 그 가운데 이준석이 있었다. 그는 페미들에게 안티 페미로 취급되고 있었고, 젠더를 통해 남녀의 갈라치기를 적극적으로 활용했다.

반페미의 기수를 자처한 그가 2030 여성은 결집하기 어렵다고 한 발언을 두고 이를 무시와 조롱으로 받아들인 2030 여성들은 민주당을 지지하는 쪽으로 방향을 틀었다.

이대남 집단이 여성을 향한 혐오라는 방식을 낳았다면 이제는 이재명의 '개딸'들이 여초의 결집을 끌어냈다. 다른 점이 있다면 개딸들은 이전에는 남자들을 혐오하고 배척했는데 이제는 세대별 갈등 회복과 더 넓은 지지세 확보를 목표로 본인들과 함께 걸을 사람들을 찾아 손을 잡는 중이다. 지금까지와는 다른 모습이라 희망이 엿보인다.

보수 진영 쪽에서도 분명히 보수를 지지하는 여성들이 있을 테니까 이대남에게 자기들끼리 모여 여성을 비하하는 행동을 하지 말고 그들만의 정치를 하라고 한다면 더 이상의 갈라치기는 생성되지 않을지도 모른다. 그렇다고 이대남을 양산했던 이준석에게 기대는 하지 않는다. 오죽하면 이준석이 이준석 했다는 말이 나올까. 다만, 이준석의 영향을 받는 사람들이 이대남이라고 그와 똑같은 생각을 하고 있을 거라고 무시하는 생각은 품지 말아야 하지 않을까.

그런데 이대남, 이대녀는 기본 설정 자체가 잘못되었다는 지적이 일고 있다. 젠더의 프레임에 맞춰 의도적으로 갈라치기를 한 것과 다름없다는 것이다. 젠더를 이슈로 한 표라도 더 끌어모으려는 정치권의 잘못된 시각 탓으로 보고 있다.

국가인권위원회는 최근 발간한 '인권상황보고서'를 보면 이대남, 이대녀로 갈라치기 한 부분이 문제가 있음을 알 수 있다.

소위 '이대남'이 페미니즘을 부정적으로 보는 관점을 분석, 논평하는 기사도 다수 확인할 수 있었다. 20대, 30대 남성이 페미니즘에 부정적인 시각을 갖게 된 원인과 그 영향에 관한 것들이었는데, 다양한 층위의 논의가 있었고 이들이 언론과 정치권에 의해 과잉대표되고 있다는 의견도 있었다. 우리 사회의 20대 남성과 20대 여성을 단순히 '이대남', '이대녀'로 집단화하여 생각하는 것은 동일하지 않은 개인들의 다양한 가치관을 일반화하는 문제가 있고, 실제에 비해 성별 간 인식 차이를 상당히 과장하는 측면이 있다.

인권위에 따르면 20대 남성의 반페미니즘 의식이 다른 세대 남성과 비교해 조금 더 높기는 하지만, 20대 남성의 성평등 의식은 다른 세대 남성보다 더 높거나 비슷한 수준이라고 했다.

젊은 세대일수록 자기 권리가 존중받고 있다고 느껴 굳이 여성혐오를 드러낼 필요가 없다는 것이다. 다만 정치권과 언론이 그들의 분노를 부추겼다고 했다.

침소봉대하기 좋아하는 언론이 이대남과 이대녀의 갈등 프레임을 부추겼다면 정치권은 자신들의 이익을 위해 서로에 대한 혐오를 키웠던 것이다.

실제로 이대남 이대녀로 나뉘어 서로가 지지하는 정당에 표를 주었다면 그 실체를 확인할 수 있었겠지만, 역대 두 번째로 낮은 투표율을 기록한 제8회 전국동시지방선거에서 20대의 투표율은 평균치보다 훨씬 낮았다. 어떤 의미로 보자면 이준석에 열광했던 20대 남성들이 떨어져 나간 면도 없지 않다고 볼 수 있다. 이전과는 상황이 달라진 셈이다.

결국 이대남, 이대녀의 갈등 프레임을 만든 것은 언론과 정치권이다. '인권위보고서'에서도 20대 남성 소수의 인식이 과도하게 대표되면서 이대남 이미지가 만들어졌다고 했다. 온라인에서 경제적 불평등으로 공정에 대한 요구가 커졌는데 그 공격 대상이 성별 갈등으로 잘못 나타났다는 것이다.

실제로 20대는 자신들의 정치 성향을 젠더로 구분 지어 보는 정치권과 언론에 거부감을 느낀다고 한다. 이대남이니 이 대녀니 하는 식으로 불리는 것조차도 거부감을 드러내고 있다. 물론 페미니즘 등 젠더 이슈를 놓고 서로 대립하는 20대가 없 지는 않지만, 그들이 전체 20대를 대변한다고 볼 근거는 없다. 젠더 이슈의 문제가 아닌 각자의 소신으로 한 투표 행위를 굳 이 성별로 환원할 이유가 없다는 것이다.

결국 젠더 이슈로 이대남과 이대녀의 갈등 프레임을 부추 겨 이익을 본 곳은 정치권이다. 젠더 이슈로 다른 문제들을 가 리는 역할도 하고 있으니 일거양득이다. 차라리 젠더 관련 문 제들을 어떻게 해결할 것인지 정책을 보여주는 것이 20대들에 게 건강한 정치 참여를 여는 길이 아닐까.

내로남불,
어디까지 갈 건가

우리 속담에 '똥 묻은 개가 겨 묻은 개 나무란다.'라는 말이 있다. 자기 허물이 더 큰데도 남의 허물을 흉보는 것을 두고 하는 말인데, 내로남불도 같은 맥락이다. 언제부턴가 정치권에서 쓰이지 않을 것 같은 내로남불이 이제는 과하게 넘쳐 쓰인다. 이는 그만큼 정치판이 염치도 예의도 없어졌다는 방증이 아닐까 싶다. 오죽하면 올 2월에 <뉴욕타임스>에 'naeronambul'을 그대로 옮겨 썼겠는가.

내가 하면 로맨스요, 남이 하면 불륜이라는 드라마에나 나올 법한 이 말의 무게는 상당하다. 단순히 나는 맞고 너는 그르다, 이 정도로 끝나는 게 아니라 법적 책임으로까지 갈 수도 있는 문제이기 때문이다.

한동훈 장관 청문회를 즈음해서 권성동 국민의힘 원내대표가 했던 말이 논란이 되었던 적이 있다. 권 원내대표는 한 라디오 방송국(CBS)과의 인터뷰에서 한동훈 법무부 장관 후보자 딸의 허위 스펙 쌓기 의혹에 관해 이렇게 말했다.

"대한민국에 빈부 격차가 엄연히 존재하고, 부모의 재력에 따라 교육을 받는 수준에 차이가 나는 것은 분명하다."

재력에 맞게 자녀에게 최대한의 교육환경을 제공했다는 이유가 장관으로서의 결격사유가 될 수는 없다는 의미다. 그러자 사회자는 '한 후보자의 딸이 일반인이 상상할 수 없는 스펙을 쌓은 걸 보면 상대적 박탈감을 느낀다는 지적도 있다'고 했는데, 이를 비판을 위한 비판으로 치부해버리는 모습도 보였다. 그러고는 민주당 의원 중에서도 초등학교, 중학교 때부터 해외 유학 보내는 사람이 한두 명이 아니라는 말을 덧붙였다.

사실 권성동 원내대표가 한 말의 자구 자체를 이해 못 할 바는 아니다. 단, 그것이 권성동이라는 정치인이 아닌 일반 국민이 한 얘기라면 말이다. 실제로 부모는 자신의 가진 인적, 물적 자원을 최고치까지 끌어모아 자식의 교육에 쏟아붓고 싶어 한다. 당연히 부모의 사회적 지위나 경제적 능력에 따라 학생들 사이에 교육의 질과 양, 스펙에서 차이가 날 수밖에 없다.

하지만 정치인으로서 그런 차별을 당연시하는 발언을 한다는 것은 이해되지 않는다. 정치란 그런 차이를 해소하라고 있는 것이다. 그게 아니라면 권성동 원내대표는 대한민국이 신분사회라고 인정하는 꼴이 된다. 국민의힘은 대한민국이 평등한 사회로 나아가길 포기하겠다고 선언하는 건가? 그런 자들이 조국 장관을 향해서는 "어떻게 자녀를 외국어고등학교에 진학시킬 수 있느냐."라며 대국민 사과를 요구했다니 코미디도 이런 코미디가 없다. 이거야말로 내로남불의 본보기인 것이다. 같은 사안이라도 상대편은 처벌받아야 하고, 우리 편은 그 정도가 뭘 유난이냐는 식이다.

권성동 원내대표의 내로남불은 여기서 그치지 않는다. 진보 진영에 가하는 엄격한 잣대가 보수 진영으로 넘어가면 흐지부지되어 버린 사례이다.

권성동 원내대표의 강원 강릉시 국회의원 사무실 유리창을 깬 30대 남성이 경찰에 자수했다. 그는 작년 말에 권 원내대표가 윤석열 대선 후보와 강릉을 방문했을 때 성희롱했다는 의혹이 일었던 한 시민의 남편이었다. 성희롱 의혹사건은 고소 등 법적 대응을 하지 않아 종결됐다. 신문 기사에서 전하는 진상은 여기까지다. 만일 이런 문제가 민주당에서 일어났다면 과연 그냥 넘어갔을까?

이준석 대표의 성 상납 이슈와 관련한 태도 문제도 입길에 오른다. 6·1 지방 선거를 앞두고 당시 박지현 민주당 공동상임선대위원장이 국민의힘을 향해 성 상납과 증거인멸 의혹을 받는 이준석 대표의 징계를 촉구했다. 국민의힘은 징계 절차를 지방 선거 이후로 미루기로 했다.

이에 민주당은 그나마 수술 중이지만 국민의힘은 지금도 숨기는 것이 아니냐며 민주당처럼 같은 수술을 해야 한다고 촉구했다. 그 정도가 되어야 민주당을 비판할 자격이 있다고 했다. 민주당은 지난해 발생한 성 비위 의혹이 불거진 박완주 의원을 신속히 제명했다.

같은 날 라디오(YTN)에서 인터뷰한 권성동 원내대표의 말이 국민의힘의 답변이 아니었나 싶다. 민주당의 성 비위 사건을 물어보자 그는 성 비위 사건은 왜 민주당에서만 터지냐며 민주당에서 스스로 자성하기를 바란다고 했다. 그리고 이준석 대표의 성 상납 증거인멸 교사 의혹과 관련한 징계를 묻자 개인의 사생활 문제로 치부해버렸다.

국민의힘 당 대표는 개인에 불과할 뿐인가? 민주당의 성추문 논란에는 자성을 요구하면서 국민의힘 대표의 성 상납은 개인의 문제로 치부될 사항인가?

내로남불에 대해선 정치권과 더불어 언론에서도 종종 드러난다. 정권이 바뀌면 공공기관장의 남은 임기를 어떻게 할지 말이 오고 간다. 법으로 보자면 남은 임기는 보장되어야 하지만, 언론의 내로남불식 보도 행태에 기가 막힐 때가 있다. 문재인 정부가 들어설 때만 해도 언론들이 취한 보도는 이렇다.

<서울신문>의 경우 2017년 5월 12일 자에 "지난 정부 인사라는 이유만으로 사표를 받는 것은 온당치 않고, 잘 돌아가는 기관의 수장을 인위적으로 바꾸는 것은 조직의 영속성과 발전을 해칠 수 있다."라고 하며 지난 정부 인사들의 임기를 지켜야 한다고 했다.

윤석열 정부에서는 어떨까. 2022년 6월 9일 자 사설에서 윤석열 정부와 국정철학이 180도 다른 인사이니 "정권이 바뀌면 공공기관장은 임기가 남아있어도 자진 사퇴하는 게 관행"이라고 주장했다.

<동아일보> 2017년 5월 12일 자에서는 전 정부에서 임명돼 임기가 남은 기관장들의 임기를 보장해야 한다고 보도했다. "보이지 않는 손에 의한 사퇴 압력으로 퇴진하면 공공기관장 임기제가 '허울뿐인 원칙'에 그칠 뿐이다."라는 전문가 의견도 덧붙였다.

2022년 6월 17일 <채널A>를 통해 전현희 국민권익위원

장과 한상혁 방송통신위원장에 대해 여권 인사들의 사퇴 압박을 전했고, 윤석열 대통령도 국무회의에 참석시키지 않겠다는 뜻을 재차 밝혔다는 사퇴 종용의 입장을 보도했다.

문재인 정부에서 중립적이고 독립적인 지위에서 활동하며 정해진 임기 동안 자신의 책무를 마치도록 공공기관장 지위를 보장해야 하자며 보도했던 <채널A>는 정권이 바뀌면 물러날 기관장을 정하자는 잘못된 대안을 제시하기도 했다.

아무리 언론이 정권의 딸랑이로 전락했다지만 정권에 따라 이중 잣대를 취하며 같은 사안에 다른 입장 취하는 것은 석연치 않다. 언론은 기록물인데 5년 만에 다른 말을 하면서 부끄러움은 잊은 건가.

여타 공공기관도 그렇지만 불합리한 행정으로 국민의 권익 침해를 해결하고 부정부패를 예방하기 위해 설립한 '국민권익위원회'와 방송·통신에 관한 관리·감독과 방송의 독립성·공공성·공익성을 보장하는 데 그 목적을 지닌 '방송통신위원회'는 정치와는 독립해서 국민 관점에서 역할을 수행하는 기관이어야 한다. 정권이 바뀌었다고 기관장을 교체하는 일은 없어야 한다. 그러기에 언론은 더욱더 정권과 상관없이 공익을 목적으로 한 독립기관으로서 제 역할을 잘하는지 감시하고 견제해야 한다.

소통의 시대?
불통의 시대!

정치란 무엇일까? 조선 시대 모범적인 정치를 논한 학자이자 정치인을 꼽는다면 단연 다산 정약용이 아닐까 싶다. 위정자의 교본이라고 할 《목민심서牧民心書》의 저자로서 그 책에서 정약용은 의사소통을 방해하는 것이 아첨이고, 반대로 의사소통이 잘되려면 직언이 필요하다고 강조했다. 아마도 정약용은 새로운 정부에 당부하고 싶었던 충고이지 않았을까 싶다.

하나의 정부가 세워지고 마무리하기까지 소통의 정부였는지 불통의 정부였는지 알려면 함께하는 참모들이 얼마나 많이 직언했고, 대통령이 과연 그 많은 직언을 받아들였는지를 살펴봐야 한다.

먼저 이명박 정부를 보면 온갖 것을 동원해서 민간인을 사찰했다. 대통령 의식 속에 불신만 가득했던 건 아닐까. 그러니 설득해서 함께 가려는 노력보다 지지하지 않는 쪽에는 제재를 가했다. 그때부터 국민은 거리로 쏟아져 나왔다. 대통령이 국민을 신뢰하지 않으면 국민도 대통령을 신뢰하지 않게 된다. 거리로 나온 국민에 두려움을 느낀 정부는 폭력을 휘둘렀다.

가령 가장의 권위가 제대로 서 있고, 구성원들이 서로를 존중하는 곳에서는 가정폭력이 일어나지 않지만, 여러 이유로 구성원들의 사이가 좋지 못하고 가장의 권위가 추락하면 싸움이 빈번해진다.

국가도 마찬가지가 아닐까. 국민의 신뢰는 지지율로 나타나게 마련인데, 지지율이 떨어지면 국가는 폭력부터 행사하려고 한다. 이명박 정부 광우병 파동 때가 그러했고 취임 두 달 만에 30% 초반 지지율을 기록한 윤석열 정부가 사정 정국을 향해 '좋아 빠르게 가'하는 모습만 봐도 알 수 있다.

문재인 정부가 5년 만에 보수정권으로 권력을 빼앗긴 데는 여러 이유가 있겠지만, 어쩌면 탄핵으로 얻은 권력으로 무난하게 정권을 잡았기 때문이라고 본다. 권력을 너무 안일하게 지키다 넘긴 것이다. 잘한 부분이 있다손 쳐도 마치 태평성대를 누리듯 하면서 뼈 때리는 직언을 하는 이들이 없었던 건 아니었을까. 팬덤의 눈치를 보며 잘한다고만 하지 않았던가.

정치라는 게 나름대로 과정이 필요하다. 긴 정치 여정에서 많은 부침을 겪어봐야 경험도 축적되고 조직을 능통하게 관리할 수 있다. 풍찬노숙의 경험까지는 아니더라도 포용하려는 자세는 필요하다고 본다. 더욱이 리더의 리더인 대통령이라면 경청의 자세가 요구된다. 이청득심以聽得心, 말 그대로 경청만 잘하더라도 상대방의 마음을 얻을 수 있다고 했다.

윤석열 대통령은 검사의 기득권을 누리다가 정치 입문 6개월 만에 대통령 자리에 올랐다. 어떤 의미로는 거저먹은 거라서 경청에 더 집중해야 하지 않을까 싶다. 다양한 사람들 말을 귀담아듣는다면 불통이 아닌 소통의 시대를 열지 않겠는가.

경청만큼 중요한 자질이 용인, 사람을 쓰는 일이라고 본다. 능력에 맞게 잘 기용하되 관리 역시 잘해야 한다. 우리가 잘 아는, 정치에 자주 예로 등장하는 《삼국지》에서 유비는 삼고초려로 제갈량을 군사로 삼았다.

한번은 유비의 양아들 유봉의 잘못으로 관우를 죽게 했다. 관우가 누군가. 유비와 도원결의를 맺은 의형제 중 한 명이다. 제갈량은 유봉에게 엄벌을 내렸다. 측근의 잘못을 제대로 처벌하지 않으면 조직의 질서를 무너뜨리기 때문이었다. 측근의 잘못이 용인되면 리더의 신뢰도 떨어지고 결국 문제의 싹으로 자랄 수 있어서 그렇다. 비단 대통령뿐만 아니라 모든 정치 지도자들이 새겨들을 만한 사례가 아닌가 싶다.

새로운 정부가 탄생한 만큼 잘되길 바라는 마음이다. 비록 지지하지 않았다고 해서 모든 걸 부정할 수 없지 않은가. 밖으로는 국력이 상승하고 국격이 높아지며 안으로는 답정너(답은 정해져 있고, 너는 대답만 하면 돼)식 불통이 아닌 소통의 시대를 만든다면 박수를 보낼 수도 있지 않겠나.

정치에 생각이 있나요? 아무래도 정치 관련 방송을 많이 하다 보니 간혹 정치 생각이 있는지 묻곤 한다. 비례대표 권유를 받은 적도 있었다. 그런데 정치를 조금씩 더 깊이 알아가다 보니 이게 생각보다 훨씬 어렵다는 걸 알았다. 정치는 전쟁터에서 벌어지는 종합예술이다. 나처럼 식견이 깊지 않고 갈등을 회피하는 성격의 인간에게는 벅차고 너무나 힘든 일인 것이다. 그렇게 정치하겠냐는 질문에 나의 대답은 '아니요'가 되었다.

정치에 크게 관심이 없는 사람들은 정치인이라면 다들 사회적 기득권으로 최고의 대우를 누리며 사는 줄 아는데 실상은 다르다. 정치인 사이에도 기득권과 비기득권으로 나뉜다. 이는 정치인 개인의 양심의 정도와 반비례하는 것 같기도 한데 스스로 권력을 버리고 양심을 지킬수록, 국민의 편에 설수록 비기득권 정치인이 된다.

기득권 정치인의 삶은 우아하다. 시쳇말로 '꿀'이다. 불법을 저질러도 넘어가고 어딜 가든 최고 대우를 받으며 심지어 언론에서 소위 말하는 마사지도 잘해준다. 그러다 보니 대중들에게 이미지까지 좋다. 반면 비기득권인 정치인의 삶은 처참할 때가 더 많다. 가진 권력을 휘두르지 않으니 언론이 만만하게 보고 앞장서 마녀사냥을 해대며, 사람으로서 할 당연한 일조차도 왜 그랬냐며 손가락질받는 모습이 불쌍하기까지 하다.

내 주변의 정치 저관여층 친구들과 얘기해보면 본인 밥그릇 챙기기에만 혈안이 되어 있고 기득권 입맛만을 맞추며 국민을 등지는 정치인은 이미지는 좋지만, 정말 국민을 위해 밤낮으로 뛰는 정치인에 대한 이미지는 나쁜 경우가 많았다.

아무튼 돈도 없고 빽도 없고 권력을 휘두르지도 못할 것이 뻔한 내가 정치를 한다면 비기득권 정치인행 확정이다. 더는 내 삶을 힘들게 하고 싶지 않기에 절대 정치를 하지 않겠다고 다짐한 것이다.

다만 정치가 아니라면 다른 곳엔 용기 내 볼 순 있겠다. 나의 작은 용기가 사회의 무언가를 바꿀 수 있다면, 또 한 번 언론의 표적이 되더라도 민심을 대변할 기회가 온다면 놓치고 싶지 않다. 예를 들면 국회의원들은 싫어하는 법안이지만 우리 정치의 발전을 위해서는 꼭 필요한 법안을 추진하는 의원들에게 스피커로서 힘이 되어주는 역할을 하고 싶다.

실제로 현재 민주당에서는 '지역구 3선 이상 연임 금지' 조항을 추진하고 있는데, 당원들은 환영하고 있으나 의원들끼리는 서로 눈치를 보느라 그 누구도 강력하게 밀어붙이지 못하는 실정이다.

같은 맥락에서 국민소환제나 언론개혁 등 산적한 법안도 마찬가지다. 동료 의원에게 칼 꽂는다는 소릴 들을 것이 뻔한 국민소환제 추진, 검찰 선진화에 대한 보복으로 열릴지 모르는 검찰 캐비닛, 언론과 사법부를 등져야 하는 언론개혁과 사법개혁 등. 사실 이 모든 게 국민을 위해선 꼭 필요한 법안들인데 후환이 두려우니 선뜻 선봉에 서지 못하는 것이다.

그럴 때 보수 진영이든 진보 진영이든 국민을 위해 나서는 의원이 있다면 옆에서 응원하며 함께 소나비를 맞더라도 보탬이 되고 싶다. 더 욕심을 내자면 국민을 위하는 척하며 언론을 이용해 이미지 관리만 하는 의원들의 이중성을 국민에게 낱낱이 밝히고 싶다는 생각도 한다.

큰 꿈을 꾸고 입법부에 들어간다 해도 유혹들이 끝도 없이 펼쳐질 것이다. 왜 안 그렇겠나. 그것과 손을 잡으면 나와 내 주변이 행복하다는 걸 아는데 쉽게 끊어낼 수 있을까. 꼭 비리 같은 것이 아니더라도 의전에 젖어 들거나 권력의 맛을 알게 되면 어떻게 되는지 수많은 정치인이 몸소 보여주기도 했다.

정치인이든 국민이든 모두 좋은 정치를 만들기 위해 균형 감각을 가졌으면 한다. 모두 중도가 되자는 주장이 아니다. 내 생각과 다르더라도 상대의 생각을 존중하는 것이 중요하다. 나는 지난 대선에서 이재명을 뽑았지만 내 주변에 윤석열을 뽑은 사람도 있다. 하지만 그들이 나와 다른 선택을 했다고 해서 비난하지 않는다.

개인적으로는 윤석열 대통령의 탄생이 아쉽지만 민주주의 사회에서 각자의 이익이 되는 방향으로 투표하고 그 결과에 승복하는 것은 당연하다. 직업적 요인이든 환경적 요인이든, 아니면 가짜 뉴스를 진짜로 알고 투표를 잘 못 했다 해도 각자의 선택을 비난할 이유도 자격도 우리에겐 없다. 원하는 지도자가 나와 달랐다 해도 결국은 모두 같은 대한민국 국민이고 그 선택에 대한 책임도 함께 지는 관계인 것이다. 진영이 다르고 지지하는 인물이 다르다는 이유만으로 서로를 비난하고 배척한다면 후진 정치를 자처하는 일이다.

내로남불도 그렇다. 내로남불의 수렁에 빠지지 않고 또 그런 정치를 겪지 않으려면 역지사지易地思之의 마음을 지녀야 한다. 내가 상대방이라면 어땠을까 생각해본다면 완벽하게 이해하지 못하더라도 막장으로 치닫지는 않을 것 같다. 진보와 보수가 같아지기는 어렵다. 서로의 철학이 다르니 행동 양식도 다를 수밖에. 그래도 역지사지의 마음을 가지고 서로 최소한의 염치는 지켰으면 좋겠다.

지금 우리 정치에 필요한 것은 우공이산愚公移山의 정신이라고 믿는다. 우공이라는 노인이 산이 가로막혀 돌아다니는 불편을 덜고자 산을 옮기기로 했다는 고사에서 나온 말이 우공이산이다. 한 삽 한 삽 떠서 언제 산을 옮기냐고, 어리석은 짓이라고 놀려도 나에게는 자식도 있고, 손자도 있으니 그 손자가 또 자식을 낳아 자자손손 대를 이을 것이니 산은 더 불어날 일 없지 않겠냐는 우공의 말을 기억해야 한다.

다소 느리고 원칙적일지라도 묵묵히 성실함을 잃지 않는 정치인이 많아져야 한다. 그런 정치인에겐 우리 국민이 더 많은 관심을 주고 응원해주어야 한다. 그렇게 우리는 한 발 한 발 더 좋은 나라로 나아갈 수 있을 것이다.

④ 21세기
리벨스들

정정하라,
그리고
당당하라

 지름길이 빠르다는 것을 모르는 사람은 없다. 하지만 사람의 도리로 보자면 지름길이란 대체로 올바르지 못한 길을 이른다. 남들보다 빨리 가기 위해 때로는 남을 밟기도 하고, 아부나 아첨의 부정적인 방법을 취하기도 한다. 그래서 정상적인 단계를 밟고 가는 사람들을 앞지르기도 한다. 도로에서 모두 질서를 지키며 가는 길에 새치기로 혼자만 앞지르는 것과 같다.

 이제 누구나 방송을 하는 시대다. 방송이 더는 공공의 영역으로 한정되지 않는다. 그래서인지 유튜브 방송이 활성화하면서 제대로 확인되지 않은 정보로 사람들을 혼돈에 빠뜨리기도 한다.

개인 방송에 대해 적어도 인권 침해의 요소가 있거나 범죄의 요소가 있는 경우, 무분별한 말로 한 사람의 인생이 무너질 수 있는 사안에는 현행보다 더 강력한 법과 꼼꼼한 기준이 필요하지 않을까 싶다. 미디어의 생태가 너무 빠르다 보니 사회적 울타리가 따라가지 못하고 있다.

사실 나 역시 유튜브 등으로 방송을 하면서 가끔 딜레마에 빠진다. 유튜브는 공적 영역이 아니다 보니 어떤 말이든 해도 되는 곳이다. 대놓고 선거운동을 해도 될 정도이니 말이다. 규제 사각지대에 있다 보니 유혹이 많을 수밖에 없다. 심지어 정치적 성향이 뚜렷한 유튜브 채널인 경우, 그 방송을 즐겨 보는 특정 시청자들의 욕구에 맞는 이야기를 하는 것이 시청자와 채널 운영자에 대한 당연한 예의가 되기도 한다. 기계적 중립을 지키며 방송심의규정을 준수해야 하는 지상파 방송도 아니고, <TV조선>을 즐겨 보는 성향의 사람들이 진보 유튜브를 찾아볼 이유도 없으니 말이다. 그래서 사실을 왜곡하지 않고 법적 문제가 되지 않는 선에서는 좀 더 강한 표현을 해야 재미있고, 시청자가 속 시원해할 만한 얘길 하고 싶은 유혹이 생기기도 한다.

결국, 아무리 시청자가 원하는 정보 전달이라 하더라도 참을 것이냐, 뱉을 것이냐는 본인 자제력에 달려 있다. 이전과 다르게 대안 방송의 역할이 무척 커지고, 이젠 그 영향력이 레거시 미디어를 넘어서는 채널도 많고, 앞에서 말했듯 제대로 된 취재 없이 자극적 발언을 기사화해 본인 배를 채우는 기자들도 많아져 더더욱 주의를 기울여야 한다.

정보 전달과 그에 따른 책임감은 비단 유튜버들만 각성해야 할 점이 아니다. 종편이나 인터넷 일간지 등의 기자들도 함께 고민할 문제다. 정보란 정확성과 신뢰성이 있어야 한다. 잘못된 정보로 사회가 병들어갈 수 있으니 말이다. 정보 홍수와 뉴미디어의 홍수 시대에 살고 있다 보니 뉴스에 휘둘리는 사람들이 많아졌다. 정보의 수요자 처지에선 그 정보가 공정하고 정확한지 확인할 수 없으니 '언론사' 혹은 '언론인'을 자처하는 자들에게는 더 엄격한 기준과 무거운 책임 의식이 요구된다.

소득의 불평등은 정보의 불평등을 만든다. 최근 몇 년간 코로나로 빈익빈 부익부 양상은 훨씬 더 심화하고 있다. 누구나 골고루 양질의 정보를 얻을 환경이 조성되지 않았다. 먹고살기도 빠듯한데 그 정보의 사실 여부를 찾을 수 있겠는가.

한국 언론들이 저널리즘의 정도를 걷고 있다면 문제가 아니지만, 많은 언론이 표현의 자유를 내세워 자기들 이익을 취하고 있으니 눈꼴사납다. 사실 그대로를 보도하기만 해도 자신들의 역할을 해냈다고 할 수 있는데, 그러지 않아서 문제가 심각하다. 언론이 특정 정당과 함께하면서 편파 보도를 하는 것은 어제오늘 일이 아니다. 언론에 상당 부분 의지하는 대중들의 눈을 멀게 하고 귀를 먹게 할 수도 있으니 문제는 곪아 터진다.

제20대 대선에선 다른 대선과 다르게 '배우자 리스크'가 유권자 표심을 좌우한다는 분석이 있었다. 이재명 후보 배우자 김혜경 씨의 경기도 공무원 및 법인카드 사적 유용 의혹과 윤석열 후보 배우자 김건희 씨의 도이치모터스 주가 조작 연루 의혹이 리스크로 작용했다.

민주언론시민연합이 2022년 2월 10일부터 2월 15일까지 종편 4사 시사 대담에서 두 사람의 의혹을 다룬 시간을 분석한 적이 있다. 종편 4사 종합 김혜경 씨 의혹을 다룬 시간이 172분(71.0%), 김건희 씨 의혹을 다룬 시간이 17분(7.0%)이었다고 한다. 거의 10배의 차이다. 이 정도면 대중들 뇌리에 김혜경 씨의 부정적인 단면이 심어질 텐데, 과연 선거 결과에 전혀 영향이 없다고 할 수 있을까? 어떤 사회적 현안보다 시급한 것이 언론개혁이라고 할 수 있는 방증이다.

국회에 발의되었던 '언론개혁' 3개 법안인 '공영방송 지배구조 개선', '온라인 허위 조작정보 규제', '포털 알고리즘 기사

배열 규제'라도 하루빨리 처리되어야 한다.

공영방송 지배구조 개선이란 공영방송 사장 선임의 문제를 개선하자는 것이다. 공영방송 사장 선출은 여야가 비율로 추천(혹은 지명)해서 구성된 공영방송 이사회에서 담당한다. 그런데 이사회 비율이 새로 집권한 여당에서 다수의 이사를 추천하는 방식이라 정치권이 방송을 장악할 빌미를 만든다. 말이 공영방송이지 정권의 나팔수 역할이 될 수밖에 없는 구조나 다름없다. 공영방송이 제 역할을 하려면 공영방송 경영진 구성을 정치권이 담당할 것이 아니라 국민이 투명하게 구성하는 방식으로 바꿔야 한다.

'선동은 문장 한 줄로도 가능하지만 반박하려면 수십 장의 문서와 증거가 필요하다. 하지만 그때는 이미 대중이 선동된 후다.'

이번에도 괴벨스의 말이다. 어쩌면 지금의 언론들이 괴벨스의 이 말을 지침으로 따르고 있는 게 아닌가 싶을 정도로 가짜 뉴스가 판을 치고 있다. 언론사들은 아예 취재하지 않은 채 너도나도 클릭 장사에 바쁜 기사 팀을 구성해 일단 자극적으로 기사를 쓰고 본다. 그래야 많은 사람이 눌러 볼 테니까. 먼저 써놓고 '아니면 말고!' 식으로 대처하며 후에 법적 처벌을 받게 된다고 해도 우리나라는 선진국과 비교해 그 책임이 솜뭉치처럼 가볍다.

<조선일보>가 조국 장관 부녀의 사진을 성매매 기사에 삽화로 사용하는 만행을 저지르고도 후에 간단한 사과문만 실었다가, <LA조선일보>에도 똑같은 내용이 실려 미국법의 적용을 받게 되니 <조선일보> 1개 면을 할애해 부랴부랴 조국 장관 부녀에 대한 대대적인 사과에 나선 웃지 못할 해프닝만 봐도 알 수 있다. LA에서는 이런 경우 1억 달러(약 1천300억 원)에 이르는 손해배상 소송까지 가능하다고 하니 <조선일보> 입장에선 급하기도 했을 것이다.

사실이 아닌 보도에는 가짜 뉴스는 기본이고, 오보, 허위사실, 왜곡 보도 등이 있다. 물론 허위보도로 피해를 본 사람이 언론중재위를 통해 해당 언론사에 스스로 해당 기사가 잘못되었음을 밝히고, 정정 기사를 게재 또는 방송해 달라고 요구할 수 있는 정정보도청구권이 있다. 그런데 정작 해를 입은 사람이 애써 기사가 잘못되었다고 밝혀낸다고 해도, 그래서 정정 보도를 내줬다고 해도 이미 그 기사는 여기저기로 퍼 날라진 뒤다.

그런데도 언론의 책임과 언론의 자유라는 입장이 나뉘어 2021년 9월 27일 본회의 상정 예정이던 언론중재법 개정안은

선동은 문장 한 줄로도 가능하지만 반박하려면 수십 장의 문서와 증거가
필요하다. 하지만 그때는 이미 대중이 선동된 후다.

상정이 보류되었고, 국회에 계류 중이다.

오보의 경우 구체적인 오보의 경위를 밝히고 정정 기사를 올려야 한다. 하물며 반드시 같은 분량과 시간 혹은 그 이상을 할애해 보도해야 한다. 그리고 별도로 사과문도 함께 써야 한다. 그런데 그 과정이 뭐가 그렇게 어렵다고 논란이 되어 자기들에게 불리하다 싶으면 삭제해버리기 일쑤다. 이미 읽을 사람은 다 읽었을 텐데 말이다. 이러니 선진국에서 우리나라 언론의 신뢰도가 최하점이라고 하는 것이다. 사람이라면 체면을 차리고 부끄러움을 아는 '염치廉恥'가 있어야 한다. 이렇게 정확한 사실이 아닌 허위사실을 보도하고, 분란이 일어나면 한쪽 입장만 거들며, 어떤 이슈에 관해 반박의 여지도 주지 않고 일방적인 기사로 도배하는 행태는 반드시 바꿔야 한다.

더욱이 온라인 허위 조작정보 규제 법안의 필요성은 아무리 강조해도 지나치지 않다. 포털 알고리즘 기사 배열 규제를 보자.

포털이 상위뉴스를 어떤 목적으로 편집해버리면 사용자는 포털의 의도대로 휩쓸려 갈 수밖에 없다. 그래서 개혁 방안으로 포털이 가진 뉴스 편집 권한을 없애든지, 사용자가 선택하는 식으로 바꿔야 한다. '언론을 잡는 자가 권력을 잡는다.'라는 말이 있는 것처럼 언론이 우리 사회에 미치는 영향력은 그만큼 지대하다.

<한국언론진흥재단>의 2021년 10월 조사에서 국민의 76.4%가 언론중재법 개정에 찬성한다는 결과가 나왔다고 한다.

언론의 자유는 언론사주의 자유나 기자의 특권이 아니라 시민의 권리로 발달해 왔다. 그러나 권력을 비판하는 것과 전혀 관련 없이 '가짜 뉴스'를 통해 시민의 권리를 침해하는 사례도 발생하고 있다. 언론기관의 신뢰 하락은 언론의 자유가 국민의 알 권리와 민주적 의사 형성을 보장하는 데 장애가 되기도 한다. 따라서 언론의 더 높은 책임성을 요구하는 방안이 필요한 상황이다. 다만 그 방법과 주체에 관해서는 신중한 접근이 요구된다.

최근에 발간된 국가인권위원회의 '인권상황보고서' 중 '언론중재법 개정안의 수정·보완 필요성'에 대한 내용으로 국가인권위원회의 소견으로도 볼 수 있다.

기레기
혹은
외람이

방송인의 꿈을 꾸면서 기자를 생각한 적도 있었다. 기자야말로 사회의 썩은 부위를 찾아내어 어떤 압박에도 진실을 보도하는 정의로운 존재라고 생각했기 때문이다. 권력이나 기득권을 가진 이들보다 사회적 약자들 처지에서 정의를 알리는 기자가 멋있다고 느꼈다. 실제 그런 기자들이 있었기에 언론의 민주화도 이루어낼 수 있었다.

오늘날 우리 사회에서 기자란 어떤 위치에 있을까?

기자라는 정식 호칭보다 '기레기'라는 말이 더 자연스러워진 게 요즘 기자들 현실이다. '기자'와 '쓰레기'의 합성어로 만들어진 기레기는 오늘날 기자 수준을 현저히 떨어뜨리는 용어가 되어버렸다. 언론사와 기자들 스스로 초래한 결과라고 해도 지나친 말이 아니다. 현장을 누비며 기자 정신을 잃지 않고 취재하고 기사를 쓰는 기자들도 많지만, 기레기로 물이 흐려진 언론판이다 보니 참다운 기자들이 가려져 버렸다.

기자가 스스로 취재하지 않고 베껴 쓰기에 감상 하나 정도 달아놓는 기사가 넘쳐나고, 일부 일간지와 경제지는 광고형 기사로 돈벌이를 하며, 조회 수를 올리려고 본문 내용과 다르게 자극적인 제목으로 독자들을 현혹하기도 한다. 그뿐만 아니라 허위사실과 과장되게 부풀린 기사에 가짜 뉴스, 정치적으로 편향된 기사, 정치적인 선동과 날조, 검증되지 않은 자료를 바탕으로 한 기사 등 기자들 스스로 기레기라는 용어의 확산을 초래했다.

그런데 요즘 기레기로도 모자란 지 새로운 용어가 탄생했다. '외람이'라고 한단다. 2022년 20대 대선에서 윤석열 대통령이 당선된 지 4일 만에 기자회견에서 나온 말이다. 한 기자가 윤석열 당선인에게 질문의 내용을 말하기 전에 "외람되오나"라는 극존칭을 서두에 덧붙인 데서 비롯됐다. 이 표현이 왜 문제냐고 고개를 갸웃할 사람도 있을지 모르겠다.

기자가 대통령 당선인에게 하는 질문은 국민을 대신하는 일이다. 국민을 위해 일할 대통령에게 검증과 감시의 역할을 해야 하는 기자가 굳이 자신을 낮춰서 말할 이유는 없다. 조선 시대도 아닌데, 자신을 낮춰가면서까지 용비어천가를 부르는 기자에게 기레기에 이어 '외람이'라는 용어가 붙지 않을 수가 있겠는가.

윤석열 정부가 들어서면서 외람이들의 활약은 과연 그 이름에 걸맞게 값어치를 하고 있다. 윤석열 대통령의 저녁 한 끼 식사비로 수백만 원을 결제한 것으로 알려졌지만, 대통령 외람이들은 누구 하나 그 일을 취재하지 않았다.

김건희 여사의 도이치모터스 주가 조작 의혹에 관해서는 침묵하면서 외출 때 어떤 옷을 입고 어떤 신발을 신었는지 가격이 얼마인지 시시콜콜하게 알려주는 친절한 기사 따위나 쓰고 있으니 외람이랄 수밖에.

대통령과 측근들에게는 관대하면서 야당 인사들에게는 칼보다 강한 펜을 휘둘렀다. 정권이 바뀌자마자 야당 인사들의 성 비위 문제를 터뜨렸다. 그들 중에는 억울하다며 강경 대응에 나서기도 했다. 사실 정치인들의 성 비위 문제라는 게 그렇다. 사실 여부를 떠나 일단 터뜨리고 나면 거의 매장 수준이 되어버린다. 피해자가 있으면 먼저 말을 들어봐야 하고, 또 다른 피해자가 생길 수도 있으니 일단 시쳇말로 '중립 기어 넣고' 지켜봐야 하는 게 도리 아닌가.

기자라면 상식적으로 정보가 불충분하고 반대 증거가 충분히 나올 상황이라면 누구 편을 드는 것이 아닌 중립적인 태도로 취재하고 기사를 써야 할 것이다. 분명히 억울할 상황이 있을 수도 있는데 무턱대고 가해자로 몰아가서 정말로 억울한 피해자였다는 것이 나중에 밝혀지면 그 책임은 누가 질 것인가. 언론이 도의적인 책임이라도 지는 건가?

신문에 기사가 나면 대중들은 그 뒤에 무고로 밝혀져도 처음 기사만 기억하기 마련이다. 기자가 무고의 경우에도 그만큼 대대적으로 기사화를 해주냔 말이다. 처음 분위기에 편승해 기사 따라 쓰기를 했던 만큼 일말의 책임도 지고 싶지 않으니 그냥 넘어가는 것이다. 가해자라는 꼬리표를 달고 또 다른 피해자가 되어버린 것이다. 그런 피해자는 언제라도 내 가족이나 자식이 될 수도 있다는 사실을 모른단 말인가.

정치인들도 다르지 않다. 한번 성 비위 문제로 기사화되면 자칫 정치생명이 끝날 수도 있다. 그래서 어떤 정치인들은 오히려 뻔뻔하게 대처하기도 한다. 문제는 여기에서도 일종의 진영논리가 생긴다는 점이다. 진영에 따라 다른 잣대로 재단하는데, 언론이 그 중심에 선다.

진보 진영에서 진위를 떠나 거론이 되었다는 점만 가지고

하루빨리 외람이니 기래기니 하는 말들이 사라지길.
세상의 병폐를 고발하는 기자들이 목소리를 더 많이
낼 수 있길 바란다.

도 도의상 사과를 하게 되면 어떤 일이 생기나? 언론은 마치 뭔가 잘못이 있어서 사과하는 것처럼 몰아간다. 반대로 보수 진영에서는 어떤가? 말은 그렇게 한다. "나는 떳떳하다. 문제가 있으면 조사받겠다." 이건 제대로 된 사실이 나오기 전까지 기사 쓰면 가만 안 두겠다는 으박이다.

일례로 주호영 의원의 여성 기자 관련 파문이 있다. 2021년 1월 당시 주호영 국민의힘 원내대표는 모 여성 기자가 엘리베이터까지 따라와 질문을 하려 하자 밀어냈다. 그 과정에서 여성 기자는 주호영 원내대표가 자신을 완력적이고 기습적으로 성추행했다고 주장했다.

상식적으로 생각하자면 그렇다. '여성 기자가 성추행을 주장하는데, CCTV를 봐서는 판단할 수 없지만, 내가 실수한 거다. 당시 그럴 경황도 없었지만, 그 기자가 불쾌했다면 사과하겠다. 그러니 더 이상의 억측은 하지 말아 달라.'라는 식으로 나왔다면 조용히 지나갔을 있는 일이다. 그런데 사과 한마디 없이 오히려 그 여성 기자를 고소했다.

여기서 언론의 태도가 놀랍기 그지없다. 여성 기자가 공당의 원내대표에게 성추행당했다고 할 때는 기사 한 줄 안 내던 언론 매체들이 주호영 원내대표가 명예 훼손으로 고소하자 일제히 보도에 열을 올렸다.

다른 사례도 있다. 황보승희 국민의힘 국회의원의 남편이 황보 의원의 불륜을 제기했을 때 대부분 언론이 기사화하지 않았다. 당시에 무려 국민의힘 수석 대변인으로 있었는데 말이다.

그런데 몇 달 뒤 불거진 조동연 혼외자 문제에 대해서는 어땠는가? 20대 대선을 앞두고 민주당에서 영입 인사 1호로 상임선대위원장에 임명했던 조동연의 혼외자 문제를 놓고 <TV조선>은 온종일 특종으로 다뤘다. 이런 언론 행태에 비난하는 또 다른 언론이나 정치인도 없었다. 조동연 보도 자체가 2차 가해일 수 있는데, 아무렇지 않게 한 사람의 인생을 파헤쳐서 난도질하는 행위가 진보 진영에는 당연히 해야 할 검증이고 보수 진영에게는 침묵할 일인가?

현명한 국민이 판단해주리라고 생각하지만, 현실은 녹녹지 않다. 국민은 최대한 많은 사람이 떠들고 시끌벅적한 것을 그대로 받아들이고, 이를 사실로 여긴다. 대부분은 떠드는 말에 의문을 품고 직접 진위를 판별하겠다고 발품을 팔지 않는다. 내 인생 살기도 바쁜데 남의 인생을 굳이 신경 쓰려 하지 않는다. '많은 사람이 그렇게 말하니 맞겠지' 하며 넘어간다.

삼인성호三人成虎라는 말이 있지 않은가. 전국시대 위魏

혜왕은 조趙나라와 강화를 맺는 조건으로 태자를 조나라에 볼모로 보냈다. 그때 방총이 태자를 보좌하기 위해 떠나기로 했다. 방총은 혜왕에게 어떤 사람이 시장에 호랑이가 나타났다고 하면 믿을 것인지 물었다. 왕은 두 사람이 말할 때까지는 믿지 않겠다고 했다가 세 사람이 말하면 믿을 거라고 했다. 방총은 시장에 호랑이가 나타날 수 없지만 여러 명이 말을 하면 없는 호랑이도 만들어낸다고 말했다. 왕은 그럴 리 없을 거라 장담했지만, 방총의 말대로 그를 비방하는 말을 믿게 되었다. 방총은 돌아갈 수 없는 신세가 되었다.

없는 호랑이도 세 사람이 호랑이라고 말하면 호랑이가 만들어진다. 언론이 그런 역할을 자처하고 있다. 아니라며 홀로 소리쳐도 사실로 굳어진다. 나 역시 언론에서 나를 두고 2차 가해라고 떠들어 댈 때 숨죽이고 있지 말 걸 그랬다는 후회가 든다. '침묵도 2차 가해입니다.' '피해자의 눈물이 증거입니다.' '어떤 자살은 가해입니다.' 이런 감정에만 호소하는 얘기들로 진실을 볼 기회조차 주지 않는 자들에게 맞서서 나는 틀린 말을 했다고 생각하지 않는다고 외쳤다면 뭐든 조금은 달라졌을까?

언론이 만든 프레임을 받아들이는 순간 그들의 말도 안 되는 마녀사냥에 휘말리고, 그 순간부터 그들의 마녀사냥은 정의 구현이 되어버린다. 그렇게 짓밟힌 한 사람의 명예는 악령처럼 평생을 따라다니며 발목을 잡는다.

왜 언론은 누구에겐 한없이 엄격하며 누구에겐 한없이 관대한가. 문제 행동에 도덕적 잣대를 들이대지 말라는 게 아니다. 진영에 따라 사회적 책임과 비난의 잣대가 달라져선 안 되며, 힘없는 자들에게 들이대는 비판을 힘 있는 사람들에게도 똑같이 들이댈 줄 알아야 한다는 것이다.

하루빨리 외람이니 기레기니 하는 말들이 사라지길. 세상의 병폐를 고발하는 기자들이 목소리를 더 많이 낼 수 있길 바란다.

조중동,
차라리
정치색을 밝혀라

방송 현장에 있어 보니 유튜브 개인 방송도 어느 정도 자정능력이 필요하다고 느낄 때가 있다. 방송을 즐겁고 재미있게 하고 싶지만, 그에 따른 말의 무게와 책임감도 놓치지 않는다. 내가 한 말이 어떻게 될 것인지조차 생각해서 해야 하니 순식간에 멀티플레이어가 되는 능력이 있지 않은 한 쉬운 일은 아니다. 그래서 더욱 자기 관리가 필요한 일이긴 하다.

"왜 네 말이 악용될 것을 생각하지 못하고 말했어?" 같은 비난이 올 수 있다. 실제로 이런 말을 듣기도 했다. 하지만 내가 한 말을 있는 그대로 전달만 했어도 괜한 비난을 받을 일은 없었을 것이다. 책임감을 지녀야 할 주류 언론사에서 자극적인 말만 따서, 자기식대로 해석해서 기사를 쓰고 보도를 하니 문제가 되는 게 아닌가.

공적 책임이 없는 유튜브 방송도 자기 관리가 요구되지만, 무엇보다 대형 방송국에서도 전달의 책임감이 가벼워서는 안 된다고 본다. 출퇴근 버스에서 틀어주는 라디오 등에서 나오는 정보들이 청취자의 사고에 영향을 크게 끼치므로 그런 정보들을 균형 있게 전달하는 좋은 방송인들이 필요하다. 그렇다고 방송인의 책임감에만 한정 짓는 것은 아니다.

현재 우리나라의 가장 큰 이슈 중 하나는 언론개혁이다. 언론이 개혁하려면 어떤 방식이어야 할까? 언론으로서 공정성과 신뢰도가 떨어졌다고 해도 종편을 없앨 수 없다. 그렇다면 차라리 조중동으로 대표되는 종편 방송사들이 정치색을 밝히는 건 어떨까. 특히 대선이면 어떤 정당의 후보를 지지하는지 밝히게 하자는 말이다.

사실 지금도 그들이 지지하는 진영에 유리하도록 정치적으로 편향된 기사를 쓰고, 뉴스를 송출하며, 프로그램을 만든다. 언론으로서 중립과 윤리를 지키지 않으면서 자기들이 중심을 지키는 언론인 양 행세한다.

이제는 많은 국민이 알 거로 보지만, 방송사의 색깔을 확실히 하는 것도 상징적인 의미가 있지 않을까. 방송사나 언론사들을 평가하는 장치를 만들어 보수, 중도, 진보 등으로 구분할 수 있게 해 시청자들이 인지한 채 시청할 수 있게 하자는 거다. 그러면 시청자는 언제든지 언론사마다 정치 성향을 평가할 수 있고, 편파 보도에 대해서도 인지하지 않겠느냐 논리다.

어차피 색깔이 분명한데 정치 중립성을 지키라는 게 오히려 어불성설일지 모른다. 보수적인 성격이 강한 언론사인 줄 알고 있는데 애써 이를 숨기라는 게 눈 가리고 아웅 하는 거와 뭐가 다른가. 진보언론도 자기 색깔을 더욱 분명히 해서 더 적극적으로 보도하는 편이 나을 것이다.

미국에서 그 예를 찾을 수 있다. 미국에서는 언론사가 특정 정당의 대통령 후보를 지지한다. 또 미국 언론은 대통령 선거전에서 특정 후보를 비판할 자유와 지지할 자유를 동시에 지닌다. 처음부터 특정 정당을 지지하기 위해 언론사를 만들고, 언론사 사주들 역시 정치적인 목적으로 언론사를 소유하고 있다고 한다. 물론 언론사에 종사하는 이들의 정치색도 드러난다.

2020년 미국 대통령 선거에서 <뉴욕타임스>와 <워싱턴 포스트>는 조 바이든 지지를 선언했다. 뉴욕타임스는 미국에 '지금 필요로 하는 지도자'로 바이든을 평가했고, 워싱턴 포스트는 '미국의 품위·명예·유능함을 복원할 대통령'으로 바이든을 꼽았다.

특히 2016년 <워싱턴포스트>의 경우 사주가 직접 트럼프의 비리를 캐라고 지시할 정도였다. <워싱턴포스트>는 <뉴욕타임스>, <월스트리트저널>과 함께 미국의 3대 유력지로, 미국 대선에서 버락 오바마 후보를, 2016년에는 거의 대놓고 힐러리 클린턴을 지지했다. 리처드 닉슨 대통령의 워터게이트 사건을 집중 추적해 보도하고, '미 국방성 문서 보도 사건'으로도 유명하다. 기본적으로 언론의 권력 감시 기능이 철저한 곳이다 보니 그만큼 신뢰하는 것이 아니겠는가.

우리나라에서는 상상할 수 없는 언론의 모습이다. 그런데 여기서 반드시 짚고 넘어갈 것이 있다. 언급한 대로 미국에서는 주요 신문들이 대놓고 특정 후보를 지지할 수 있다. 신문으로서 지지이지, 보도의 지지가 아니란 점에서 구별이 확실하다. 사설을 통해서 회사가 지지하는 특정 후보를 공표할 수 있지만, 보도에서는 공정성을 유지한다. 언론으로서 자기 정체성을 잃지 않고 독자들의 신뢰를 구축하는 것이다. 그래서 미국 시민들은 언론의 정치색을 당연하게 받아들이고 자신에게 맞는 언론을 선택해 판단한다.

우리나라에서도 가능한 일일까? 알다시피 시기상조다. 물론 보수 언론의 경우 노골적으로 특정 후보를 지지하는 뉘앙스를 보이지만, 아는 사람은 알고 모르는 사람은 모른다. 그러니 차라리 미국처럼 언론이 정치색을 공개적으로 드러내면 국민이 알아서 판단할 수 있지 않겠는가.

우리나라에서는 그렇게 할 수 없는 이유 중 하나는 자칫 언론사가 위해를 당할 수도 있다는 두려움 탓이다. 이명박 정부 때만 해도 <MBC> 'PD수첩'에서 미국산 쇠고기 광우병 보도를 한 PD들이 검찰에 소환됐고, 박근혜 정부에서는 <MBC>가 정권의 나팔수 노릇을 하자 파업으로까지 이어졌다. 2012년 방송의 공정성을 쟁취하기 위해 170일의 파업 끝에 대규모 해고와 정직, 대기발령 징계 조처가 내려졌다.

이렇게 이명박, 박근혜 정부에서는 국정원을 통해 <MBC> PD, 기자 등을 사찰했다. 민간인 사찰을 금지한 국정원을 이용해 자신들 정권을 강화하려 했다. 'PD수첩'의 광우병 보도로 대국민 사과까지 한 이명박은 보도한 PD는 물론 자신에게 모욕을 주었다고 여긴 신문사나 기자 등에게 국가폭력을 자행했다.

이러한 전적이 있으니 언론사, 기자, 방송인들이 어찌 두려움을 갖지 않겠나. 민주 진영을 지지했는데, 보수 진영의 후보가 당선되었다면 어떻겠는가. 혹여 신문사가 망하지 않을까 노

차라리 미국처럼 언론이
정치색을 공개적으로
드러내면 국민이 알아서
판단할 수 있지 않겠는가.

심초사하며 지켜보게 될 게 불 보듯 뻔한 일이다. 멀리 이명박, 박근혜 정부에서 찾지 않아도 눈앞에 현실이 되고 있음을 느낀다.

병먹금 하실 게요

박지희 아나 "민주주의 위기면, 박정희 때처럼 尹 닭 모이 됐다"

박지희 아나운서 막말 논란…"韓 민주주의 위기면, 尹 지금 닭 모이 됐을 수도"

친문 아나운서의 막말 "文에 반기 든 尹, 박정희 때였으면 닭 모이"

친문 박지희 아나 "文과 대립한 尹, 박정희 때 같았으면 닭 모이"

'막말 논란' 박지희 아나운서, 과거에는 무슨 사건이?

박지희 아나운서, 윤 대통령 저격 발언 논란… 무슨 말 했나

유명 아나운서, 윤석열 대통령 겨냥해 상상을 초월하는 '막말'을 쏟아냈다

"민주주의 위기면 윤석열 닭 모이 됐다" 친문 아나운서 막말 논란

박지희 아나운서, 방송 규정 준수 어긴 발언에 프로필 '관심'

2022년 5월 12일 <중앙일보>, <디지털타임스>, <조선일보>, <헤럴드경제>, <금강일보>, <시사매거진>, <내외경제TV>, <인사이트>, <위키트리> 등에서 내 발언을 놓고 뽑아놓은 헤드라인이다. 내가 전날 유튜브 방송에서 했던 말을 두고 뽑은 헤드라인은 지나치게 자극적이었다. 말이라는 게 앞뒤 맥락이 있고, 분위기도 있는 법인데.

그 발언이 나온 날의 주제는 5월 10일에 있었던 윤석열 대통령의 취임식과 관련된 것이었다. 아무래도 시사를 전문으로 하는 유튜브 방송이다 보니 정치 사안이나 이슈 등에 대해 자유롭게 자기 생각을 이야기하는 식으로 진행된다. 그래서 윤 대통령의 취임사를 듣고 내 생각을 편 것이다.

국가 간, 국가 내부의 지나친 집단적 갈등에 의해 진실이 왜곡

되고, 각자가 보고 듣고 싶은 사실만을 선택하거나 다수의 힘으로 상대의 의견을 억압하는 반지성주의가 민주주의를 위기에 빠뜨리고 민주주의에 대한 믿음을 해치고 있습니다. 이러한 상황이 우리가 처해있는 문제의 해결을 더 어렵게 만들고 있습니다.

반지성주의가 민주주의를 위기에 빠뜨린다는 대목에서 내 생각을 비유적으로 말했을 뿐이다. 그런데 비유적 표현이 과했다고 할 수 있나. 정치와 관련된 것을 정치적 상황이나 사건에 비유하는 것이 그렇게도 무리수였나? 헤드라인의 절반은 막말이라고 했고, 방송 규정 준수를 어긴 발언이라고도 했다. 방송에서 우스갯소리로 나온 방송 규정 준수가 사실인 것처럼 표현했다. 개그가 다큐가 되는 순간이었다. 자기들이 저지른 자극적인 표현들은 아무 문제가 없고, 비유적 표현을 사용한 내 발언은 문제라는 건가?

사실 여기저기서 방송하며 많은 애길 쏟아내다 보면 내 의사와는 다르게 해석돼 억울하게 비난받을 때가 많다. 원래도 남 시선을 의식하지 않는 성격이고 방송 연차가 쌓이다 보니 이런 식으로 논란이 되는 말들에는 별로 관심을 두지 않는다. 이런 소모적 논란은 길어야 며칠을 넘기지 못하고 사그라지기 때문이다.

하지만 이번 일을 거치며, 이런 식으로 말도 안 되는 마녀사냥을 하고 거기에 득달같이 몰려와 악플을 다는 이들을 더는 방관하지 않겠다고 다짐했다. 친한 친구의 조언이 컸다.

"너에 대해서 검색하면 나오는 악의적인 블로그 글이랑 기사들, 정리해야 하지 않겠어?"

'박지희'라는 이름을 검색하면 나오는 나에 대한 비난 게시물과 기사들에 법적 조치를 하라는 뜻이었다. 그런 기사나 게시물이 올라오던 당시엔 그 상황이 너무 괴로웠지만, 뭐든 잘 잊는 성격상 시간이 지나며 무뎌졌다. 그런 게시물들이 내 밥줄을 끊고 앞길을 막는 것도 아니었으므로 별도의 법적 조처를 하지 않았던 것이다. 하지만 친구의 얘기는 달랐다.

"네 주변 사람들이 받을 상처를 생각해봐. 너희 부모님이나 네 남편 될 사람이 그런 게시물을 봤을 때를 말이야. 내 딸에 대해, 혹은 내 와이프에 대해 잘 알지도 못하는 것들이 그런 게시물이나 기사만 보고 너에 대해 이러쿵저러쿵 떠들 거 생각하면 정말 끔찍하게 싫을걸! 남 욕하기 좋아하는 인간들에게 굳이 너에 대해 욕할 거리를 주지 말라고!"

남의 욕이나 하며 시간 때우는 걸 낙으로 여기는 사람들에게 먹금(먹이를 주지 않는 것) 하라는 말, 듣고 보니 백번 옳은 충고였다. 이제 나 자신만 생각하며 삶을 살 나이는 지났으니까. 그런 공격에 상처받을 내 주변 사람들을 위해서라도 나를 향한 황색저널리즘과 거기 동조하는 악플러들의 행태에 강경히 대응해야겠다고 심지를 굳혔다.

다만, 직업이 방송인인지라 악의적 보도나 댓글들 하나하나 의식하고 눈치를 보거나 일희일비하며 방송을 지속하기는 어렵다. 심지어 유튜브 방송은 호불호가 분명한 편이라 대부분 시청자가 원하는 채널을 선택해서 시청한다. <TV조선> 시청자가 <tbs> '뉴스공장'을 찾아 들을 리 없고, 보수 유튜브 시청자가 진보 유튜브 채널을 찾아보지 않는 것처럼 말이다.

특히 시사 방송이라면 정치 주제가 빠질 수 없고 지상파 방송에선 들을 수 없는 속을 시원하게 뚫어줄 사이다 발언을 원한다. 그런데 유튜브 방송에서마저 그 방송을 시청하지도 않을 사람들 심기까지 고려해서 발언해야 한다면 유튜브 방송의 장점을 어디에서 찾을 수 있을 것인가?

그래서다. 앞서 말한 대로 앞으로는 시청자가 특정된 유튜브 방송까지 찾아 들어와 나에 대한 비난을 일삼고 악의적 보도를 하는 자들에겐 더더욱 강경하게 대응할 생각이다. 더는 그들 눈치를 보지 않아야 내 방송을 찾는 시청자들에게 좋은 방송을 선사할 수 있을 것 같다.

국민 향해 거짓말을 일삼고 내로남불 행태를 보이는 권력자들을 향해선 입도 뻥긋 못 하면서, 유튜브나 팟캐스트에서 우스갯소리로 한 얘길 두고 방송 규정 준수니 심의 위반이니 하는 말로 마녀사냥을 하며 쓸데없는 눈치를 보게 만드는 자들. 제대로 된 논리는 갖추지도 못한 채 손가락질만 해대는 방구석 여포들에게 이제는 키보드 뒤에서 나와 직접 나에게 목소리를 낼 기회를 주려 한다.

촌철살인寸鐵殺人. 짧은 한마디 말은 사람 마음을 감동하게 할 수도 있고, 강력한 타격을 입힐 수도 있다. 하지만 요즘 레거시 미디어에서는 촌철살인은커녕 권력의 입맛에 맞는 뉴스와 언론사 이익에 맞는 논조로 국민을 오도하는 보도가 난무한다. 그러기에 더 많은 사람이 본인들 답답한 속을 뚫어줄 유튜브 방송에 열광하는 것이 아닌가 하는 씁쓸한 생각도 든다.

말을 주로 하는 직업이다 보니 사람들에게 잘 전달될 표현을 골라 쓰게 되는데, 그중 하나가 '비유'이다. 난 함께 방송하는 사람 중 찰떡 비유를 잘하는 사람들을 제일 부러워한다. 적당한 비유를 통하면 의미도 잘 전달되고 그에 대한 여운도 남길 수 있어 금상첨화이기 때문이다. 더 나아가 그 상황과 잘 맞는 비유가 촌철살인까지 끌어내기도 한다.

상대의 허를 찌르는 촌철살인의 진수를 보여준 이가 제나라 재상 안영이다. 안영이 초나라에 사신으로 갔을 때 일이다. 초 영왕은 작은 나라를 깔보는 오만한 군주였는데, 제나라의 안영은 몸집조차 작았다. 그래서 안영에게 수치심을 줄 목적으로 초나라에 온 안영에게 성문을 열어주지 않았다. 문지기는 안영의 몸이 작으니 통과할 수 있을 거라며 작은 쪽문으로 들어가라고 했다.

"개구멍으로는 사람이 드나들 수 없다. 개의 나라에 사신으로 왔다면 개구멍으로 출입하겠지만, 인간의 나라에 왔으니 사람이 출입하는 문으로 들어가는 것이 당연하지 않은가!"

그 쪽문으로 들여보낸다면 초나라는 졸지에 개의 나라가 되는 것이었다. 영왕의 1패였다.

초 영왕은 안영의 인사를 받고 제나라에 사람이 없어서 키 작은 안영을 사신으로 보냈냐고 놀리듯 물었다.

"우리나라에는 사신을 파견할 때 한 가지 규칙이 있는데, 작은 나라에는 작은 사람을 보내고 큰 나라에는 큰 사람을 보냅니다. 신臣은 그중에서도 가장 작아서 여기로 오게 되었습니다."

영왕의 2패였다.

그때 마침 제나라 사람이 도둑질하다 잡혀서 끌려가고 있었다. 영왕은 안영을 기죽일 가장 좋은 기회라 여기며 제나라 사람은 도둑질을 잘한다고 큰소리로 말했다.

"제가 듣기로는 귤이 회남淮南에서 나면 귤이 되지만, 회북淮北에서 나면 탱자가 된다고 합니다. 잎이나 생김새가 비슷하지만, 맛이 전혀 다릅니다. 물이 다르기 때문이지요. 제나라에서는 도둑이 아니었는데, 초나라에 와서 도둑이 된 걸 보면 초나라 풍토가 도둑을 만드나 봅니다."

영왕의 3패였다. 안영의 촌철살인의 대답에서 나온 말이 '귤화위지橘化爲枳'이다. 결국 영왕은 안영에게 고개를 숙였다는 일화이다.

이런 일화를 떠올릴 때면 촌철살인의 여유조차 없는 사람들, 특히 언론들이 생각난다. 비유를 비유로 받아들이지도 못하고, 언론으로서 권력의 감시 기능도 못 하니 힘없는 유튜버나 상대하며 정의 구현 하는 척하는 것이다. 취임사에 대한 소감을 두고 앞뒤 맥락을 따지지도 않은 채 막말이라고 치부하는데, 그렇다면 민주주의를 위기에 빠뜨린 원인에 관한 생각이 모두 같다고 보는지 묻고 싶다.

정치권에서도 그렇게나 나에게 관심을 가질 줄은 몰랐다. 나에게 관심이 있는 건지 신권력에 대한 충성심 경쟁인지는 모르겠지만, 국민의힘 허은아 의원도 이 이슈에 참전했다. 본인의 SNS에 내 유튜브 방송 발언을 언급하며 "자유와 민주주의를 훼손하는 막말"에, "현직 대통령에 대한 살해 협박에 가까운 방송 테러"라고 했다.

정녕 자유와 민주주의의 참뜻을 이해하고 한 말일까? 언제부터 우리가 대통령이나 권력자들을 칭송만 하고 살아야 하는 나라가 되었는가. 나와 생각이 다르니 다르다고 말하는 사회가 민주주의 아닌가. 혹시 허 의원은 말의 맥락을 이해하지 못하고, 내가 "윤석열 대통령이 닭 모이가 되어야 마땅하다."라고 주장했다고 믿은 것인가?

심지어 "독재와 폭력에 대한 저항의 상징인 '5·18'을 일주일 앞두고 뱉어진 '막말'이라, 더욱 두 눈과 귀를 의심케 했다"고 하는데, 이는 그동안 국민의힘 소속 의원들의 5·18 폄훼에 입 꾹 다물고 있던 이가 했던 말이라고는 믿기지 않을 만큼 기가 막힐 노릇이다. 대통령과 국민의힘 소속 국회의원 전원이 광주에 가서 기념식에 참석하고 '임을 위한 행진곡'을 제창했다고 해서 단번에 광주의 꿈이 이루어지는가. 5·18 광주민주화운동을 학살로 진압한 전두환을 옹호했던 이들이 진정한 반성을 했다면 기대해볼 만하겠지만, 그런 진심 어린 반성은 없지 않았는가. 광주민주화운동을 위해 흘린 고귀한 피를 본인들 정치

행태에 유리하게 이용하진 않았으면 좋겠다.

허 의원이 '박지희 자칭 아나운서'라고 했던 부분도 실소를 금치 못하겠다. 나는 스스로 아나운서라고 말하고 다니지 않았다. 물론 아나운서를 꿈꾸었고, 실제로 아나운서가 되기 위해 수많은 시험을 보았다. 그리고 여러 방송에서 아나운서로 활동했다. 그러면서 자연스럽게 아나운서라는 호칭이 붙었을 뿐이다.

2020년 나에 대한 논란이 있을 당시에도 모 기자가 내 이름 뒤에 붙은 아나운서라는 호칭을 문제 삼은 적이 있다. "국내에서 '아나운서'라는 이름으로 활동하기 위해서는 '한국아나운서연합회' 소속 회원이어야 한다. 하지만 박지희는 한국아나운서연합회 회원이 아니었다."라고 기사를 썼던 것이다.

기자에겐 유감이지만 이건 가짜 뉴스다. 대한민국 어디에도 '아나운서'라는 이름으로 활동하기 위해 정해진 규정 같은 것은 없다. 어떤 방송에서든 아나운서의 역할을 했다면 아나운서로 불리고 활동하게 된다. 또 한 가지 재밌는 것은 이 기사가 <한국경제>의 인터넷신문 <한경닷컴> 기자가 쓴 기사였다는 사실인데, 클릭 장사에 혈안이 돼 자사 방송진행자조차 취재하지 않고 기사를 쓴 모양이다. 나는 <한국경제TV>에서도 10년 가까이 방송을 진행했다.

아나운서의 사전적 의미에 뉴스 보도, 사회, 스포츠 방송 등의 중계를 맡아 하는 사람, 극장, 경기장, 스포츠 경기에서 안내방송을 하는 사람, 경마장에서나 경륜장에서의 장내 아나운서도 포함된다고 되어 있다. 또한 최근에는 여러 형태로 아나운서 역할을 하는 이들이 곳곳에 많다. 앞서 말했던 것처럼 아나운서는 의사나 변호사처럼 자격증이 있는 것이 아니라 어떤 곳에서든 '아나운서'로 근무를 했으면 그때부터 아나운서라고 부르는 것이다.

아나운서에 가까운 일을 하고 있지만, 나는-거듭 강조하지만-방송인이라고 하지 아나운서라고 말하고 다니지 않는다. 아나운서라고 날 규정하면 나의 방송 영역을 '진행'만으로 한정 짓는 느낌이기 때문이다. 오히려 기사를 내는 기자들이 착실하게 내 이름 뒤에 아나운서라고 붙여준다. 참으로 아이러니한 일이다.

하여튼 내가 하면 로맨스요 남이 하면 불륜이라더니, 음주운전 전과 2범에 논문 셀프 표절 논란에 민간자격증을 '최고학위'로 사칭했다는 지적에도 제대로 해명조차 하지 못하는 이가 내 호칭 하나 가지고 자칭이니 타칭이니 하는 게 더 우습다. 자유로운 의사 발언을 '살해 협박'이니 '방송 테러'니 하는 쓸데없는 프레임 씌우기는 그만두고, 앞으로는 음주운전 같은 불필요한 논란 없이 국회의원의 품위를 쭉 지켜주시길 간절히 바란다. ●